EUROPA-FACHBUCHREIHE
für bautechnische Berufe

Lösungen

Bautechnik
Arbeitsbuch Bautechnische Mathematik und Bautechnisches Zeichnen

Grundstufe

Wolfgang Greese

2. Auflage

D1640182

VERLAG EUROPA-LEHRMITTEL · Nourney, Vollmer GmbH & Co. KG
Düsselberger Str. 23 · D-42781 Haan-Gruiten

Europa-Nr.: 40196

Bearbeiter des Buches „Arbeitsbuch Bautechnische Mathematik und Bautechnisches Zeichnen"

Wolfgang Greese, Studiendirektor, Gummersbach

Bildbearbeitung:

Reemers Publishing Services GmbH, 47799 Krefeld
Zeichenbüro Verlag Europa-Lehrmittel, 70771 Ostfildern

Fotonachweis zum Titelbild:

Lager- und Bürogebäude – Firma Kucera, Link-Architekten, 74731 Walldürn

2. Auflage 2024

Druck 5 4 3 2 1

Alle Drucke derselben Auflage sind parallel einsetzbar, da sie bis auf die Korrektur von Druckfehlern identisch sind.

ISBN 978-3-7585-4213-8

© 2024 by Verlag Europa-Lehrmittel, Nourney, Vollmer GmbH & Co. KG, 42781 Haan-Gruiten
www.europa-lehrmittel.de

Umschlag: Blick Kick Kreativ KG, 42699 Solingen
Satz: Reemers Publishing Services GmbH, 47799 Krefeld
Druck: Nikolaus BASTIAN Druck und Verlag GmbH, 54343 Föhren

Vorwort zur 2. Auflage

Zielgruppe:
- Auszubildende in den Bauberufen, insbesondere Maurer, Betonbauer, Hochbaufacharbeiter
- Klassen der bautechnischen Grundbildung

Merkmale des Arbeitsbuches:
- Große Zahl von Aufgaben in unterschiedlichen Schwierigkeitsgraden
- Viele Differenzierungsmöglichkeiten, konzipiert für die typische heterogene Zusammensetzung der Bauklassen
- Praxisorientierte Aufgabenstellungen, Wiedererkennen von Baustellensituationen
- Verwendung einer schülergerechten Sprache, Verzicht auf zu hohen Textanteil
- Anschaulichkeit der Aufgaben durch Zeichnungen und 3-D-Darstellungen
- Vom Lehrplan unabhängige Schwerpunktsetzung auf die für die Praxis wichtigsten mathematischen und zeichnerischen Problemstellungen
- Acht realitätsnahe Projektaufgaben mit vielen Möglichkeiten zur Differenzierung und zum selbstständigen Arbeiten
- Alle Aufgaben können direkt im Buch bearbeitet werden, es werden keine zusätzlichen Blätter benötigt (Ausnahme Projektaufgaben).
- Das Arbeitsbuch ist ein eigenständiges Buch, es kann unabhängig von anderen Fachbüchern verwendet werden.
- Die Aufgaben können im 1. Ausbildungsjahr fortlaufend als Kurs/Lehrgang bearbeitet oder im Ausbildungsverlauf in die Lernsituationen/Bauprojekte eingebunden werden.
- Die 18 übersichtlichen Formelblätter können ein Tabellenbuch ersetzen.
- Alle Aufgaben und Formelblätter wurden vom Autor in langjähriger Unterrichtsarbeit entwickelt und erprobt.
- Verzicht auf Herleitungen, Erklärungen und Darstellung von Grundlagen. Hier setzt der Verfasser auf die Kompetenz der Lehrkräfte, die ihre pädagogischen Entscheidungen an der Lerngruppe und deren Zusammensetzung orientieren.

Der Autor:
Wolfgang Greese (Studiendirektor)
Der Verfasser freut sich über Lob und Kritik sowie Anregungen und Wünsche.
Sie können dazu folgende E-Mail-Adresse nutzen: lektorat@europa-lehrmittel.de

Ergänzend zum Buch betreibt der Autor den Youtube-Kanal „lern-mit-baufreund". Dort gibt es zu jeder Seite des Buches ein Video, in dem die Aufgaben erklärt und gelöst werden. Die Schülerinnen und Schüler haben damit die Gelegenheit, Aufgaben, die im Unterricht nicht verstanden wurden oder wegen Abwesenheit verpasst wurden, nachzuvollziehen oder zu wiederholen. Insbesondere die Schülerinnen und Schüler mit größerem Förderbedarf können davon profitieren.
Auf der Homepage www.lern-mit-baufreund.de werden alle Videos übersichtlich aufgelistet und sind mit Youtube verlinkt.
Mit dem Arbeitsbuch, dem Lösungsbuch und dem Youtube-Kanal verfügen Sie über ein starkes Paket, mit dem Sie Ihren Schülerinnen und Schülern ein lückenloses und differenziertes Angebot machen können.
Zu Homepage und Youtube-Kanal können Sie den Autor direkt kontaktieren: greese.bau@gmail.com

Winter 2023/24

Inhaltsverzeichnis

Lösungen zu

Formelblatt
Flächenberechnung 1

Quadrat

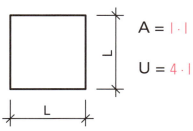

$$A = l \cdot l$$

$$U = 4 \cdot l$$

Rechteck

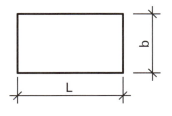

$$A = l \cdot b$$

$$U = 2 \cdot l + 2 \cdot b$$

Rechtwinkliges Dreieck

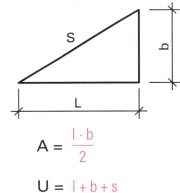

$$A = \frac{l \cdot b}{2}$$

$$U = l + b + s$$

Nicht rechtwinkliges Dreieck

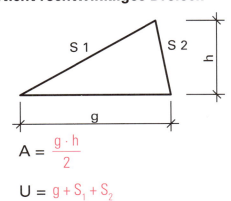

$$A = \frac{g \cdot h}{2}$$

$$U = g + S_1 + S_2$$

Trapez

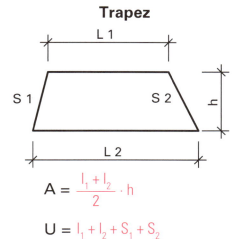

$$A = \frac{l_1 + l_2}{2} \cdot h$$

$$U = l_1 + l_2 + S_1 + S_2$$

Merke:

l_1 und l_2 immer parallel

andere Trapeze

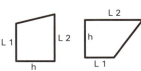

Parallelogramm

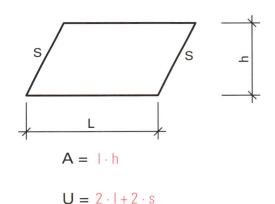

$$A = l \cdot h$$

$$U = 2 \cdot l + 2 \cdot s$$

Zusammengesetzte Flächen

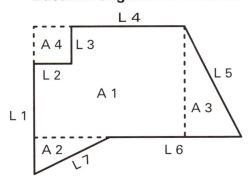

$$A = A\,1 + A\,2 + A\,3 - A\,4$$

$$U = L\,1 + L\,2 + \ldots\ldots + L\,7$$

Flächenberechnung 1

Anwenden der Formeln

Name:

Klasse:

Datum:

Fach:

Berechnen Sie jeweils die Fläche in m² und den Umfang in m.

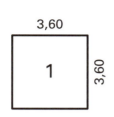

3,60

3,60

1

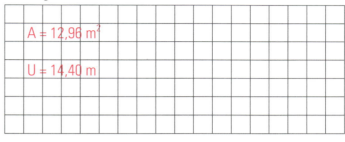

A = 12,96 m²

U = 14,40 m

7,25

4,10

2

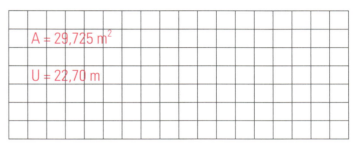

A = 29,725 m²

U = 22,70 m

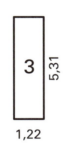

3

5,31

1,22

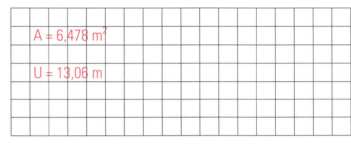

A = 6,478 m²

U = 13,06 m

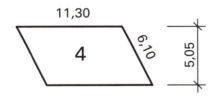

11,30

6,10

5,05

4

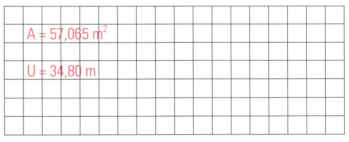

A = 57,065 m²

U = 34,80 m

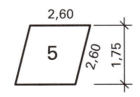

2,60

2,60

1,75

5

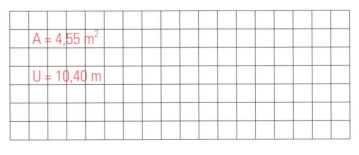

A = 4,55 m²

U = 10,40 m

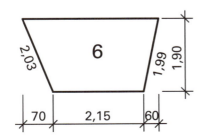

6

2,03

1,99

1,90

70

2,15

60

A = 5,32 m²

U = 9,62 m

7

Flächenberechnung 1

Anwenden der Formeln

Berechnen Sie jeweils die Fläche in m² und den Umfang in m.

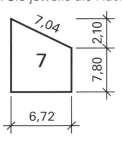

A = 59,472 m²

U = 31,46 m

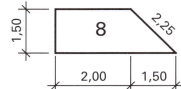

A = 4,125 m²

U = 9,25 m

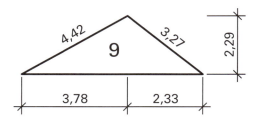

A = 6,996 m²

U = 13,80 m

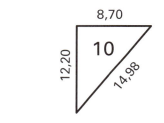

A = 53,07 m²

U = 35,88 m

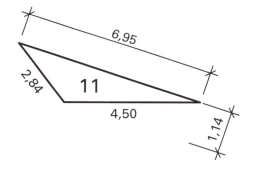

A = 3,962 m²

U = 14,29 m

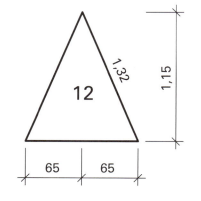

A = 0,748 m²

U = 3,94 m

Flächenberechnung 2
Zusammengesetzte Flächen

Name:

Klasse:

Datum:

Fach:

 Dargestellt ist ein Flachdach mit Lichtkuppel.
Berechnen Sie die Fläche in m² und den äußeren Umfang in m.

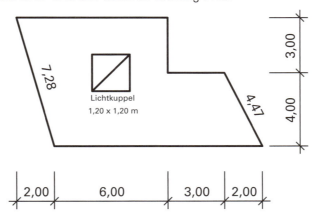

Die Fläche wird in Teilflächen zerlegt.

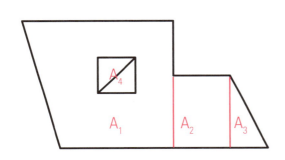

$A_{ges} = A1 + A2 + \dotsfill$ $A_3 - A_4$

Flächenberechnung

Der Umfang ergibt sich aus der Summe der einzelnen Kantenlängen.

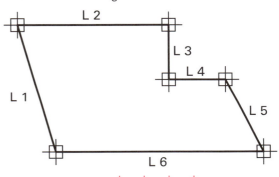

$U_{ges} = L1 + L2 + \dotsfill$ $L_3 + L_4 + L_5 + L_6$

Umfangsberechnung

$A_1 = 49,00 \ m^2$

$A_2 = 12,00 \ m^2$

$A_3 = 4,00 \ m^2$

$A_4 = 1,44 \ m^2$

$A_{ges} = 63,56 \ m^2$

$U = 36,75 \ m$

9

Flächenberechnung 2

Zusammengesetzte Flächen

Name:

Klasse:

Datum:

Fach:

 Berechnen Sie jeweils die Fläche in m² und den Umfang in m der dargestellten Bauteile.

1)

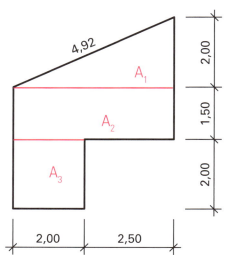

Fläche	Umfang
$A_1 = 4{,}50\ m^2$	$U = 18{,}42\ m$
$A_2 = 6{,}75\ m^2$	
$A_3 = 4{,}00\ m^2$	
$A_{ges} = 15{,}25\ m^2$	

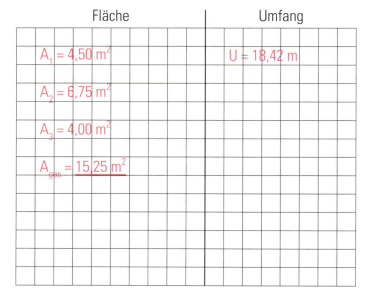

2)

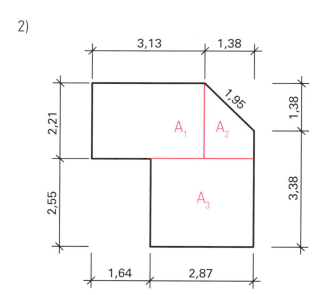

Fläche	Umfang
$A_1 = 6{,}917\ m^2$	$U = 17{,}73\ m$
$A_2 = 2{,}098\ m^2$	
$A_3 = 7{,}319\ m^2$	
$A_{ges} = 16{,}334\ m^2$	

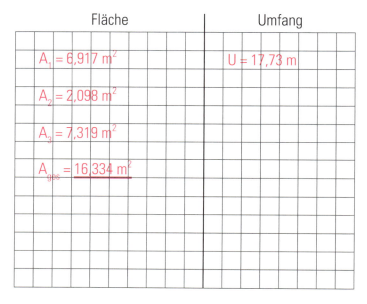

3)

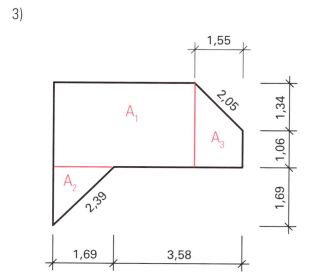

Fläche	Umfang
$A_1 = 8{,}928\ m^2$	$U = 16{,}89\ m$
$A_2 = 1{,}428\ m^2$	
$A_3 = 2{,}682\ m^2$	
$A_{ges} = 13{,}038\ m^2$	

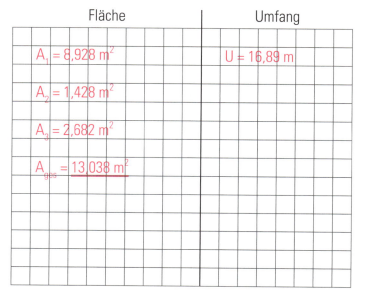

Name:

Klasse:

Datum:

Fach:

Berechnen Sie die Wandflächen in m^2 (Türen und Fenster sind abzuziehen).

1)

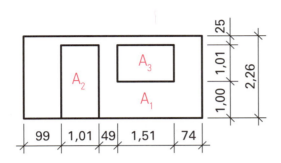

$A_{ges} = A_1 - A_2 - A_3$

$A_1 = 10{,}712\ m^2$

$A_2 = 2{,}03\ m^2$

$A_3 = 1{,}525\ m^2$

$A_{ges} = 7{,}157\ m^2$

2)

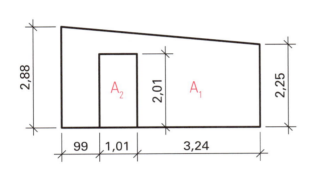

$A_{ges} = A_1 - A_2$

$A_1 = 13{,}441\ m^2$

$A_2 = 2{,}03\ m^2$

$A_{ges} = 11{,}411\ m^2$

3)

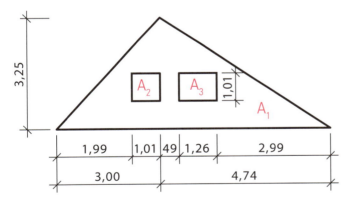

$A_{ges} = A_1 - A_2 - A_3$

$A_1 = 12{,}578\ m^2$

$A_2 = 1{,}02\ m^2$

$A_3 = 1{,}273\ m^2$

$A_{ges} = 10{,}285\ m^2$

4)

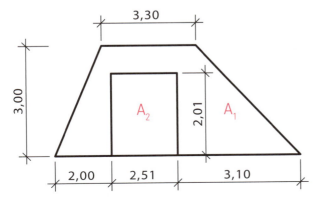

$A_{ges} = A_1 - A_2$

$A_1 = 16{,}365\ m^2$

$A_2 = 5{,}045\ m^2$

$A_{ges} = 11{,}32\ m^2$

Berechnen Sie die Wandflächen in m² (Türen und Fenster sind abzuziehen).

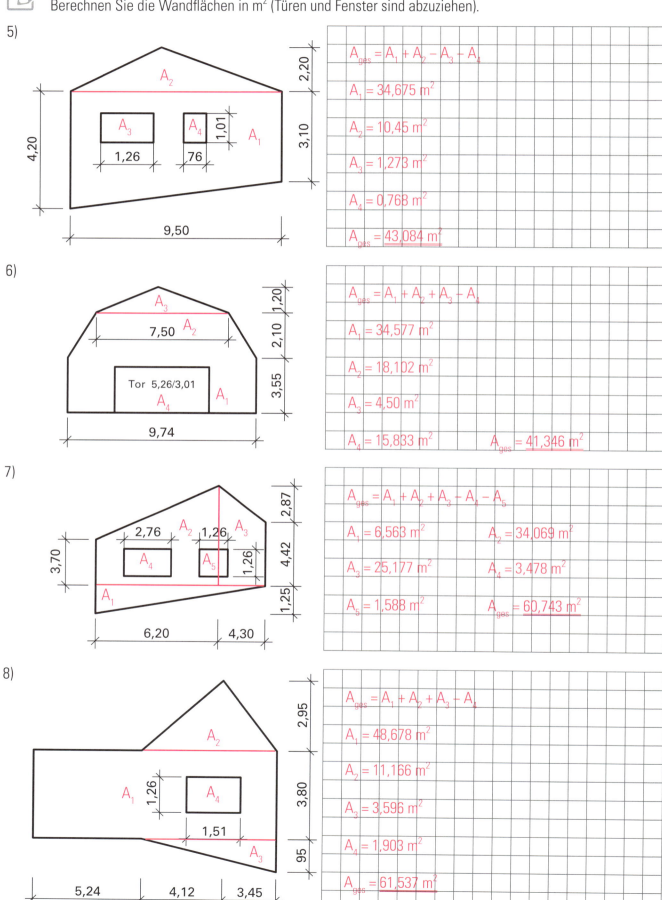

5)

$A_{ges} = A_1 + A_2 - A_3 - A_4$

$A_1 = 34,675\ m^2$

$A_2 = 10,45\ m^2$

$A_3 = 1,273\ m^2$

$A_4 = 0,768\ m^2$

$A_{ges} = 43,084\ m^2$

6)

$A_{ges} = A_1 + A_2 + A_3 - A_4$

$A_1 = 34,577\ m^2$

$A_2 = 18,102\ m^2$

$A_3 = 4,50\ m^2$

$A_4 = 15,833\ m^2$ $A_{ges} = 41,346\ m^2$

Tor 5,26/3,01

7)

$A_{ges} = A_1 + A_2 + A_3 - A_4 - A_5$

$A_1 = 6,563\ m^2$ $A_2 = 34,069\ m^2$

$A_3 = 25,177\ m^2$ $A_4 = 3,478\ m^2$

$A_5 = 1,588\ m^2$ $A_{ges} = 60,743\ m^2$

8)

$A_{ges} = A_1 + A_2 + A_3 - A_4$

$A_1 = 48,678\ m^2$

$A_2 = 11,166\ m^2$

$A_3 = 3,596\ m^2$

$A_4 = 1,903\ m^2$

$A_{ges} = 61,537\ m^2$

Flächenberechnung 4

Bodenplatten

Name:

Klasse:

Datum:

Fach:

 Berechnen Sie für die Bodenplatten die Fläche in m² und den Umfang in m.

1)

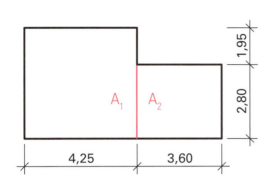

$$A_{ges} = A_1 + A_2$$

$$A_1 = 20{,}188 \text{ m}^2$$

$$A_2 = 10{,}08 \text{ m}^2$$

$$A_{ges} = 30{,}268 \text{ m}^2$$

$$U = 25{,}20 \text{ m}^2$$

2)

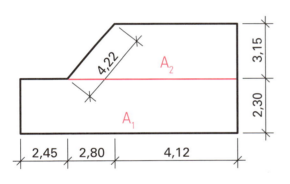

$$A_{ges} = A_1 + A_2$$

$$A_1 = 21{,}551 \text{ m}^2$$

$$A_2 = 17{,}388 \text{ m}^2$$

$$A_{ges} = 38{,}939 \text{ m}^2$$

$$U = 27{,}91 \text{ m}$$

3)

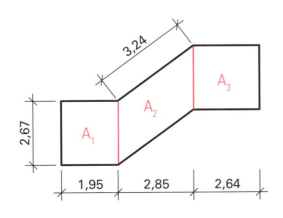

$$A_{ges} = A_1 + A_2 + A_3$$

$$A_1 = 5{,}207 \text{ m}^2$$

$$A_2 = 7{,}61 \text{ m}^2$$

$$A_3 = 7{,}049 \text{ m}^2$$

$$A_{ges} = 19{,}866 \text{ m}^2$$

$$U = 21{,}00 \text{ m}$$

Flächenberechnung 4

Bodenplatten

 Berechnen Sie für die Bodenplatten die Fläche in m^2 und den Umfang in m.

4)

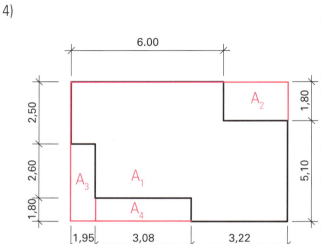

$A_{ges} = A_1 - A_2 - A_3 - A_4$

$A_1 = 56{,}925$ m^2

$A_2 = 4{,}05$ m^2

$A_3 = 8{,}58$ m^2

$A_4 = 5{,}544$ m^2

$A_{ges} = 38{,}751$ m^2

$U = 30{,}30$ m

5)

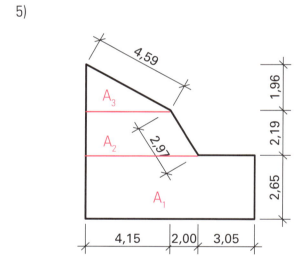

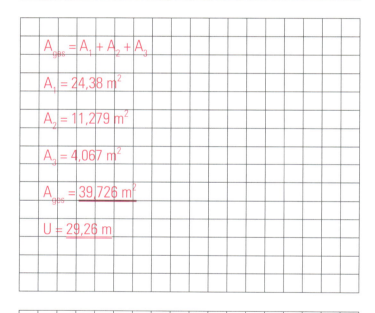

$A_{ges} = A_1 + A_2 + A_3$

$A_1 = 24{,}38$ m^2

$A_2 = 11{,}279$ m^2

$A_3 = 4{,}067$ m^2

$A_{ges} = 39{,}726$ m^2

$U = 29{,}26$ m

6)

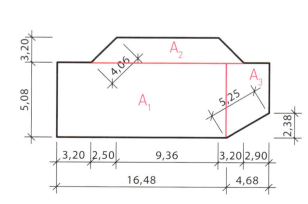

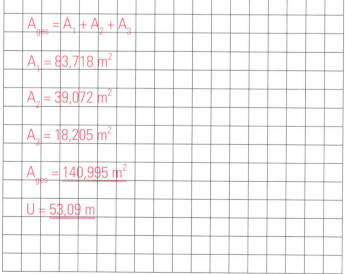

$A_{ges} = A_1 + A_2 + A_3$

$A_1 = 83{,}718$ m^2

$A_2 = 39{,}072$ m^2

$A_3 = 18{,}205$ m^2

$A_{ges} = 140{,}995$ m^2

$U = 53{,}09$ m

Name:

Klasse:

Formelblatt
Flächenberechnung 2

Datum:

Fach:

Kreis

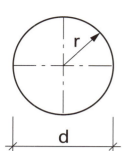

$A = r^2 \cdot \pi$

$U = d \cdot \pi$

Viertelkreis

$A = \dfrac{r^2 \cdot \pi}{4}$

$U = \dfrac{d \cdot \pi}{4}$

Dreiviertelkreis

$A = \dfrac{r^2 \cdot \pi \cdot 3}{4}$

$U = \dfrac{d \cdot \pi \cdot 3}{4}$

Halbkreis

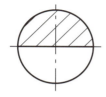

$A = \dfrac{r^2 \cdot \pi}{2}$

$U = \dfrac{d \cdot \pi}{2}$

Kreisring

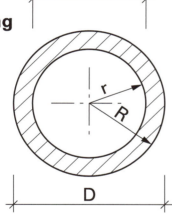

$A = A_{\text{großer Kreis}} - A_{\text{kleiner Kreis}}$

oder $A = R^2 \cdot \pi - r^2 \cdot \pi$

$= \pi (R^2 - r^2)$

Kreisausschnitt

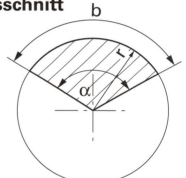

$A = \dfrac{r^2 \cdot \pi \cdot \alpha}{360°}$

$b = \dfrac{d \cdot \pi \cdot \alpha}{360°}$

Ellipse

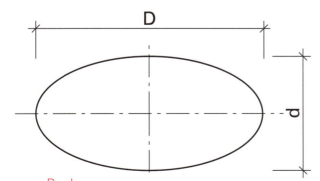

$A = \dfrac{D \cdot d \cdot \pi}{4}$

$U = \dfrac{D + d}{2} \cdot \pi$

(Näherung)

Kreisabschnitt

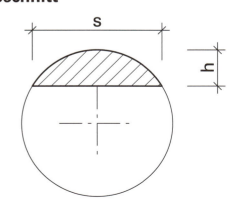

$A = \dfrac{2 \cdot s \cdot h}{3}$

(Näherung)

Flächenberechnung 5

Kreis, Kreisring

Name:

Klasse:

Datum:

Fach:

Berechnen Sie jeweils die Fläche in m² und den Umfang (nur Rundung) in m.

1)

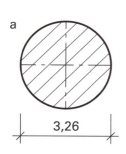

3,26

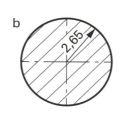

2,65

a		b	
A = 8,347 m²		A = 22,062 m²	
U = 10,242 m		U = 16,65 m	

2)

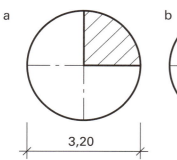

a

3,20

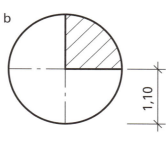

b

1,10

a		b	
A = 2,011 m²		A = 0,95 m²	
U = 2,513 m		U = 1,728 m	

3)

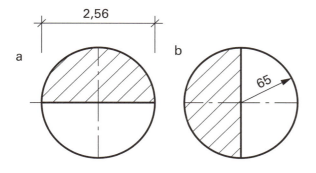

2,56

a

b

65

a		b	
A = 2,574 m²		A = 0,664 m²	
U = 4,021 m		U = 2,042 m	

4)

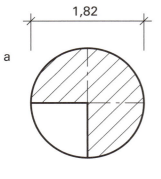

1,82

a

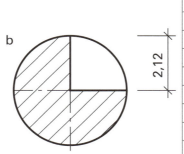

b

2,12

a		b	
A = 1,951 m²		A = 10,59 m²	
U = 4,288 m		U = 9,99 m	

Flächenberechnung 5

Kreis, Kreisring

Name:

Klasse:

Datum:

Fach:

✎ Berechnen Sie jeweils die Fläche in m² und den Gesamtumfang in m.

5)

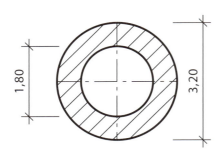

A = 5,498 m²

U$_{ges}$ = 15,708 m

6)

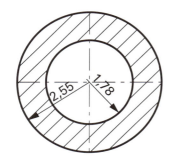

A = 10,474 m²

U$_{ges}$ = 27,206 m

7)

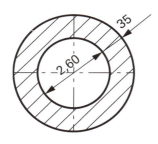

A = 3,244 m²

U$_{ges}$ = 18,535 m

8)

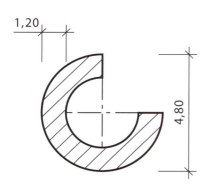

A = 10,179 m²

U$_{ges}$ = 19,365 m

Berechnen Sie die Fläche und die Bogenlänge der Kreisausschnitte in m² und in m.

1)

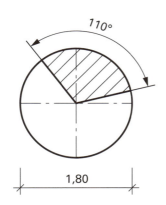

$A = 0{,}778 \text{ m}^2$

$U = 1{,}728 \text{ m}$

2)

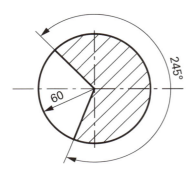

$A = 0{,}77 \text{ m}^2$

$U = 2{,}566 \text{ m}$

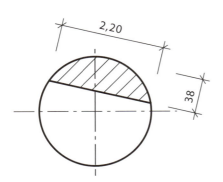 Berechnen Sie die Fläche der Kreisabschnitte in m².

3)

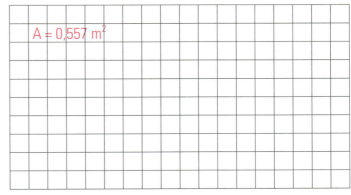

$A = 0{,}557 \text{ m}^2$

4)

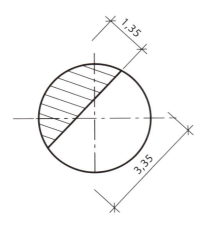

$A = 3{,}015 \text{ m}^2$

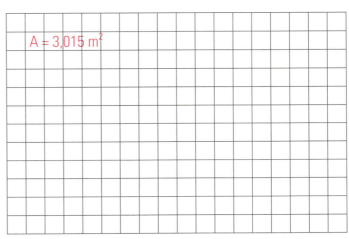

Flächenberechnung 6
Kreisteile und Ellipsen

 Berechnen Sie die Fläche und den Umfang (nur Rundung) der Ellipsen in m² und in m.

5)

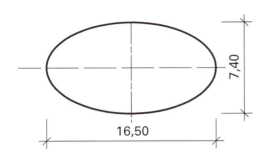

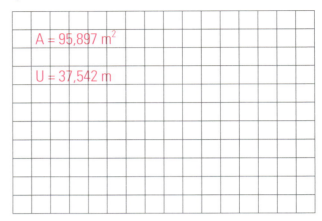

A = 95,897 m²

U = 37,542 m

6)

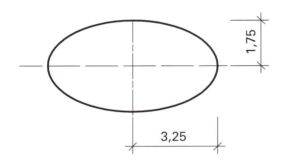

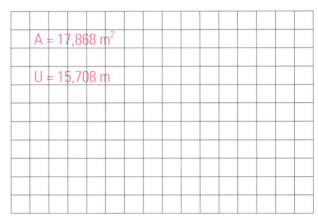

A = 17,868 m²

U = 15,708 m

7)

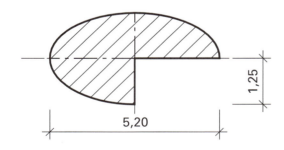

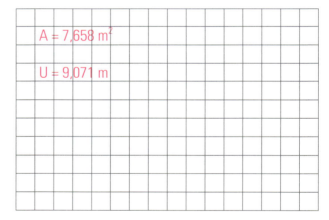

A = 7,658 m²

U = 9,071 m

8)

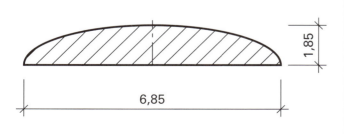

A = 9,953 m²

U = 8,286 m

Flächenberechnung 7

Rechteck, Kreis, Kreisteile, Ellipse

Name:

Klasse:

Datum:

Fach:

Berechnen Sie bei allen Aufgaben die Fläche in m² und den Umfang in m.

1)

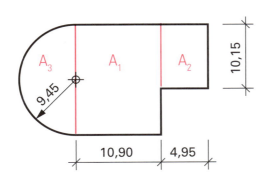

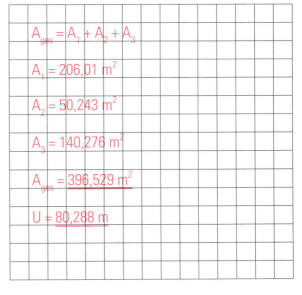

$A_{ges} = A_1 + A_2 + A_3$

$A_1 = 206,01 \ m^2$

$A_2 = 50,243 \ m^2$

$A_3 = 140,276 \ m^2$

$A_{ges} = 396,529 \ m^2$

$U = 80,288 \ m$

2)

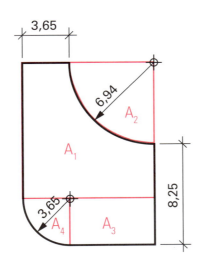

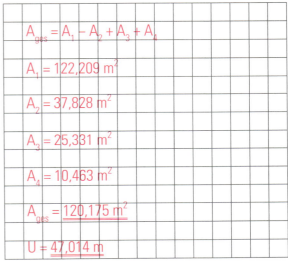

$A_{ges} = A_1 - A_2 + A_3 + A_4$

$A_1 = 122,209 \ m^2$

$A_2 = 37,828 \ m^2$

$A_3 = 25,331 \ m^2$

$A_4 = 10,463 \ m^2$

$A_{ges} = 120,175 \ m^2$

$U = 47,014 \ m$

3)

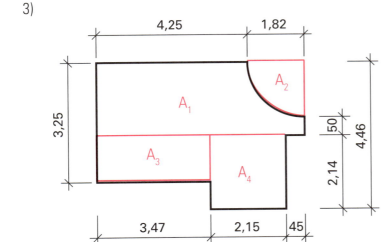

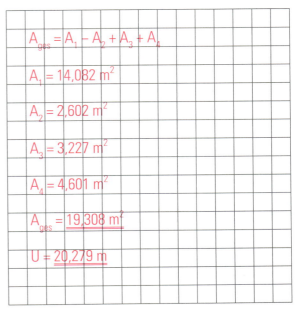

$A_{ges} = A_1 - A_2 + A_3 + A_4$

$A_1 = 14,082 \ m^2$

$A_2 = 2,602 \ m^2$

$A_3 = 3,227 \ m^2$

$A_4 = 4,601 \ m^2$

$A_{ges} = 19,308 \ m^2$

$U = 20,279 \ m$

Flächenberechnung 7

Rechteck, Kreis, Kreisteile, Ellipse

Name:

Klasse:

Datum:

Fach:

Berechnen Sie bei allen Aufgaben die Fläche in m² und den Umfang in m.

4)

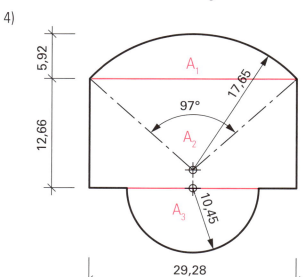

$A_{ges} = A_1 + A_2 + A_3$

$A_1 = 115{,}558 \ m^2$

$A_2 = 370{,}685 \ m^2$

$A_3 = 171{,}535 \ m^2$

$A_{ges} = \underline{657{,}778 \ m^2}$

$U = \underline{96{,}411 \ m}$

5)

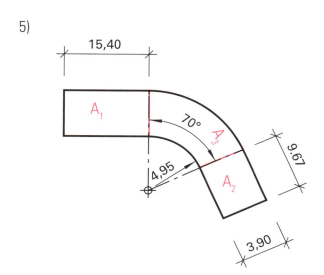

$A_{ges} = A_1 + A_2 + A_3$

$A_1 = 60{,}06 \ m^2$

$A_2 = 37{,}713 \ m^2$

$A_3 = 32{,}877 \ m^2$

$A_{ges} = \underline{130{,}65 \ m^2}$

$U = \underline{74{,}80 \ m}$

6)

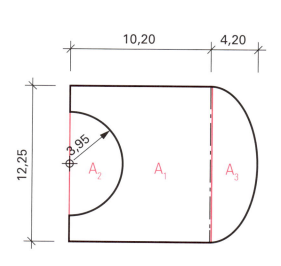

$A_{ges} = A_1 - A_2 + A_3$

$A_1 = 124{,}95 \ m^2$

$A_2 = 24{,}508 \ m^2$

$A_3 = 40{,}409 \ m^2$

$A_{ges} = \underline{140{,}851 \ m^2}$

$U = \underline{53{,}377 \ m}$

Name:

Klasse:

Datum:

Fach:

1) Die Giebelwand soll gedämmt werden.
   Berechnen Sie die Anzahl der Dämmplatten
   (Plattengröße 100/50 cm).

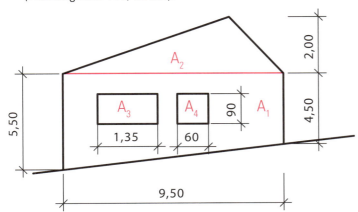

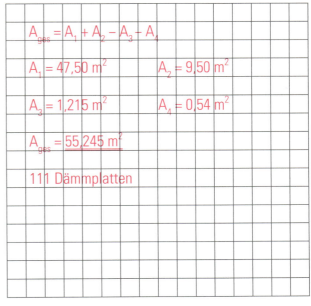

$A_{ges} = A_1 + A_2 - A_3 - A_4$

$A_1 = 47{,}50\ m^2$ $A_2 = 9{,}50\ m^2$

$A_3 = 1{,}215\ m^2$ $A_4 = 0{,}54\ m^2$

$A_{ges} = \underline{55{,}245\ m^2}$

111 Dämmplatten

2) Der Hof eines Hauses soll gepflastert und mit Bordsteinen
   eingefasst werden.
   Berechnen Sie

   a) die Anzahl der Pflastersteine aus Beton bei 15/15 cm
      Steingröße.
   b) die Anzahl der Bogenbordsteine bei 75 cm Steinlänge.

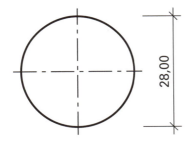

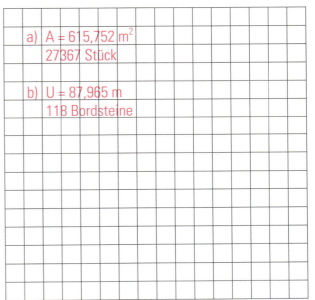

a) $A = 615{,}752\ m^2$

   27367 Stück

b) $U = 87{,}965\ m$

   118 Bordsteine

3) Dargestellt ist eine Dachgeschosswand.
   Berechnen Sie die Anzahl der Gipsfaserplatten
   (1,50/1,00 m) bei beidseitiger Beplankung.

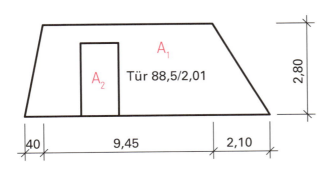

$A_{ges} = A_1 - A_2$

$A_1 = 29{,}96\ m^2$

$A_2 = 1{,}779\ m^2$

$A_{ges} = 28{,}181 \cdot 2 = \underline{56{,}362\ m^2}$

38 Platten

Name:

Klasse:

Flächenberechnung 8

Anwendungsaufgaben

Datum:

Fach:

4) Dargestellt ist eine Fertigteilplatte aus Stahlbeton. Berechnen Sie

   a) die Fläche der Platte in m².
   b) die Länge der Randschalung in m.

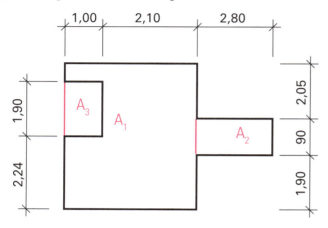

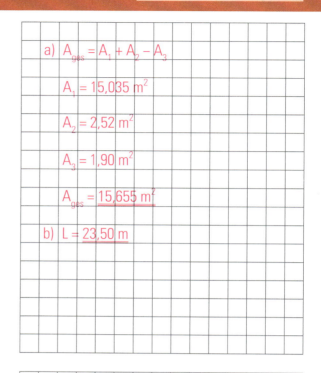

a) $A_{ges} = A_1 + A_2 - A_3$

$A_1 = 15,035\ m^2$

$A_2 = 2,52\ m^2$

$A_3 = 1,90\ m^2$

$A_{ges} = 15,655\ m^2$

b) $L = 23,50\ m$

5) Der Parkplatz soll mit Platten belegt werden.

   a) Wie groß ist die Fläche in m²?
   b) Wie viele Platten 40/40 cm müssen bestellt werden bei 4 % Verschnitt?

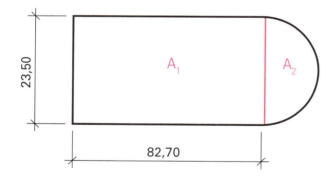

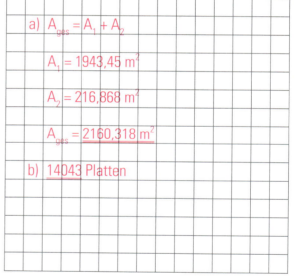

a) $A_{ges} = A_1 + A_2$

$A_1 = 1943,45\ m^2$

$A_2 = 216,868\ m^2$

$A_{ges} = 2160,318\ m^2$

b) 14043 Platten

6) Dargestellt ist eine Dachfläche. Berechnen Sie

   a) die Fläche in m².
   b) den Umfang in m.

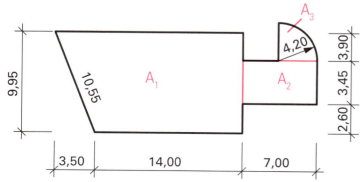

a) $A_{ges} = A_1 + A_2 + A_3$

$A_1 = 156,713\ m^2$

$A_2 = 24,15\ m^2$

$A_3 = 13,854\ m^2$

$A_{ges} = 194,717\ m^2$

b) $U = 72,597\ m$

Flächenberechnung 9

Anwendungsaufgaben

Name:

Klasse:

Datum:

Fach:

1) Das Mauerwerk der dargestellten Wand eines historischen Gebäudes soll saniert werden. Die Wand ist 52 cm dick. Berechnen Sie die zu sanierende Fläche (Wand- und Laibungsflächen) in m².

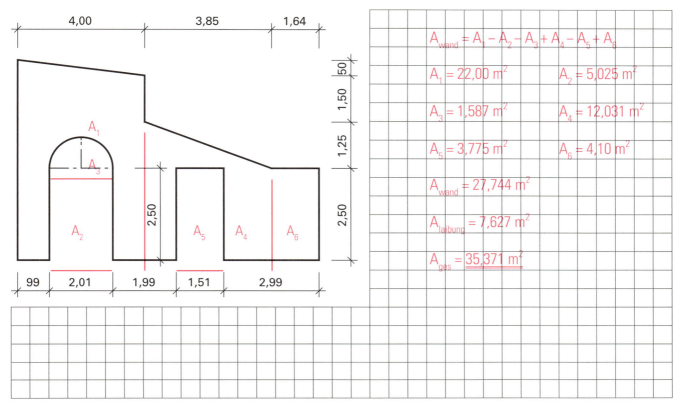

$A_{wand} = A_1 - A_2 - A_3 + A_4 - A_5 + A_6$

$A_1 = 22,00 \text{ m}^2$ $A_2 = 5,025 \text{ m}^2$

$A_3 = 1,587 \text{ m}^2$ $A_4 = 12,031 \text{ m}^2$

$A_5 = 3,775 \text{ m}^2$ $A_6 = 4,10 \text{ m}^2$

$A_{wand} = 27,744 \text{ m}^2$

$A_{laibung} = 7,627 \text{ m}^2$

$A_{ges} = \underline{35,371 \text{ m}^2}$

2) In einer Trauerhalle soll der Boden eines Raumes neue Boden- und Sockelfliesen erhalten. Berechnen Sie dazu
   a) die Fläche des Raumes in m².
   b) den Umfang des Raumes in m.

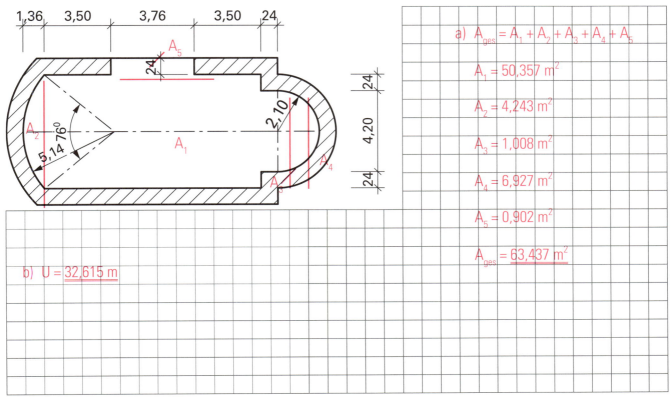

a) $A_{ges} = A_1 + A_2 + A_3 + A_4 + A_5$

$A_1 = 50,357 \text{ m}^2$

$A_2 = 4,243 \text{ m}^2$

$A_3 = 1,008 \text{ m}^2$

$A_4 = 6,927 \text{ m}^2$

$A_5 = 0,902 \text{ m}^2$

$A_{ges} = \underline{63,437 \text{ m}^2}$

b) $U = \underline{32,615 \text{ m}}$

Flächenberechnung 9
Anwendungsaufgaben

Name:

Klasse:

Datum:

Fach:

3) Das 40 cm tiefe Wasserbecken in einem Park soll neu abgedichtet werden. Abgedichtet werden der Boden, der Beckenrand und die Innenseite des Beckenrandes. Berechnen Sie die abzudichtende Fläche in m^2.

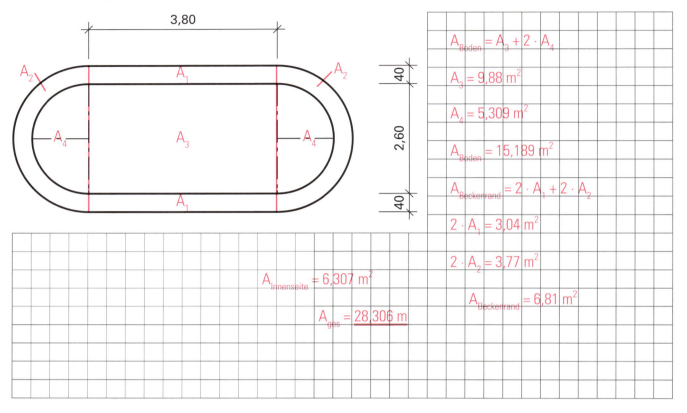

$$A_{Boden} = A_3 + 2 \cdot A_4$$

$$A_3 = 9{,}88 \ m^2$$

$$A_4 = 5{,}309 \ m^2$$

$$A_{Boden} = 15{,}189 \ m^2$$

$$A_{Beckenrand} = 2 \cdot A_1 + 2 \cdot A_2$$

$$2 \cdot A_1 = 3{,}04 \ m^2$$

$$2 \cdot A_2 = 3{,}77 \ m^2$$

$$A_{Beckenrand} = 6{,}81 \ m^2$$

$$A_{Innenseite} = 6{,}307 \ m^2$$

$$A_{ges} = 28{,}306 \ m$$

4) Die Toreinfahrt eines historischen Gebäudes ist mit Ziermauerwerk und einem Korbbogen eingefasst und sie soll saniert werden. Saniert werden die Ansichtsfläche (schraffiert) und die Laibungsfläche (grau). Berechnen Sie die zu sanierende Fläche in m^2.

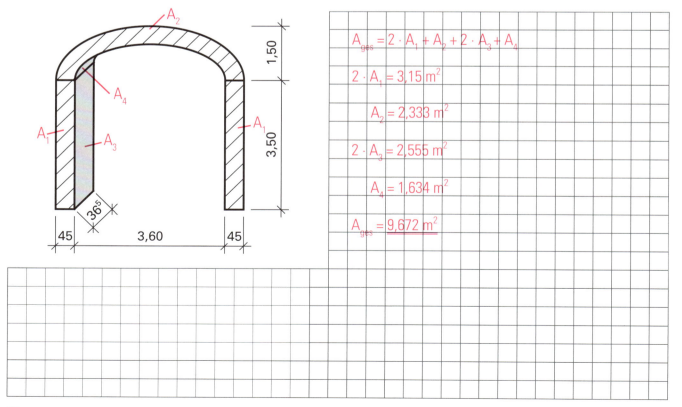

$$A_{ges} = 2 \cdot A_1 + A_2 + 2 \cdot A_3 + A_4$$

$$2 \cdot A_1 = 3{,}15 \ m^2$$

$$A_2 = 2{,}333 \ m^2$$

$$2 \cdot A_3 = 2{,}555 \ m^2$$

$$A_4 = 1{,}634 \ m^2$$

$$A_{ges} = 9{,}672 \ m^2$$

Name:

Klasse:

Datum:

Fach:

Der Satz des Pythagoras gilt nur im .... rechtwinkligen .... Dreieck.

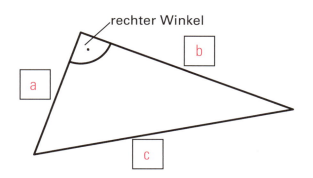

rechter Winkel

a

b

c

a	Kathete
b	Kathete
c	Hypotenuse

Erkennen der .... Hypotenuse ....

1. .... ist die längste Seite ....

2. .... liegt dem rechten Winkel gegenüber ....

Sind im rechtwinkligen Dreieck zwei Seiten bekannt,
kann man mit der Formel die fehlende Seite berechnen!

Formel zur Berechnung von c

$$c^2 = a^2 + b^2$$

Formel zur Berechnung von a

$$a^2 = c^2 - b^2$$

Formel zur Berechnung von b

$$b^2 = c^2 - a^2$$

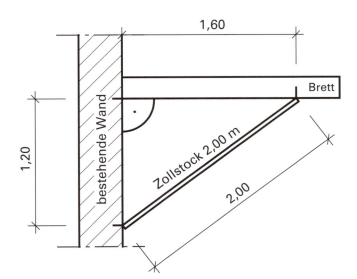

1,60

Brett

Zollstock 2,00 m

2,00

bestehende Wand

1,20

Auf der Baustelle kann man mit dem Satz des
Pythagoras einen rechten Winkel abstecken!

Die Zahlen dazu sind 3, 4, 5 oder Vielfache davon.

30 – 40 – 50 cm
60 – 80 – 100 cm
1,20 – 1,60 – 2,00 m
3,00 – 4,00 – 5,00 m

Pythagoras 1
Anwenden der Formel

Berechnen Sie bei allen Aufgaben die jeweils fehlende Länge in m.

1)

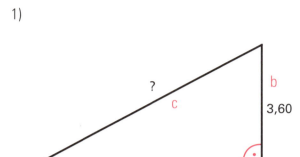

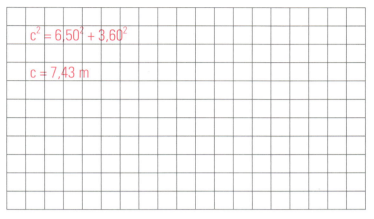

$$c^2 = 6{,}50^2 + 3{,}60^2$$

$$c = 7{,}43 \text{ m}$$

2)

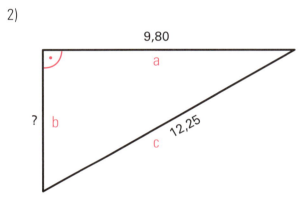

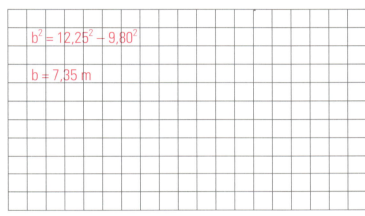

$$b^2 = 12{,}25^2 - 9{,}80^2$$

$$b = 7{,}35 \text{ m}$$

3)

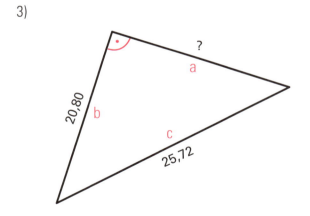

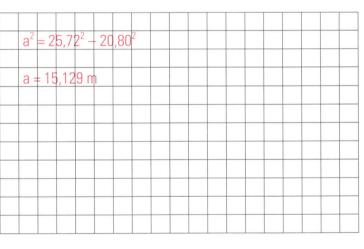

$$a^2 = 25{,}72^2 - 20{,}80^2$$

$$a = 15{,}129 \text{ m}$$

4)

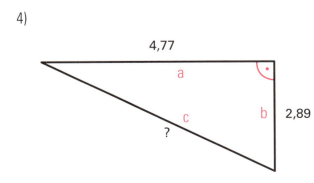

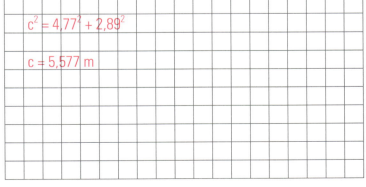

$$c^2 = 4{,}77^2 + 2{,}89^2$$

$$c = 5{,}577 \text{ m}$$

Pythagoras 1
Anwenden der Formel

 Berechnen Sie bei allen Aufgaben die jeweils fehlende Länge in m.

5)

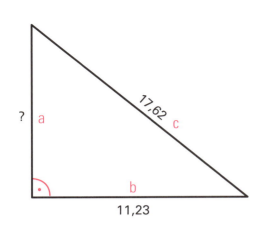

$$a^2 = 17{,}62^2 - 11{,}23^2$$

$$a = 13{,}578 \text{ m}$$

6)

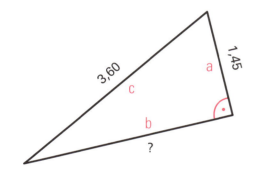

$$b^2 = 3{,}60^2 - 1{,}45^2$$

$$b = 3{,}295 \text{ m}$$

7)

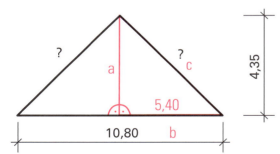

$$c^2 = 4{,}35^2 + 5{,}40^2$$

$$c = 6{,}934 \text{ m}$$

8)

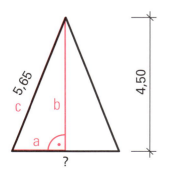

$$a^2 = 5{,}65^2 - 4{,}50^2$$

$$a = 3{,}417 \text{ m}$$

$$l = 6{,}833 \text{ m}$$

Berechnen Sie bei allen Aufgaben die Längen der Dachschrägen in m.

1)

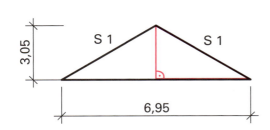

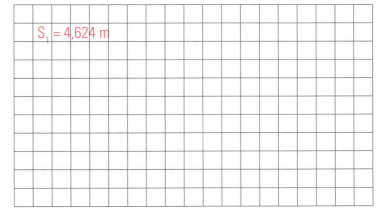

$S_1 = 4{,}624$ m

2)

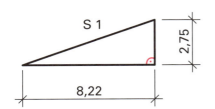

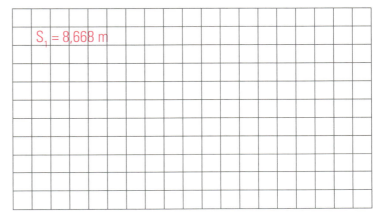

$S_1 = 8{,}668$ m

3)

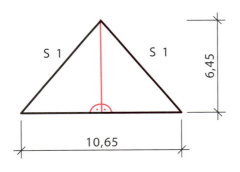

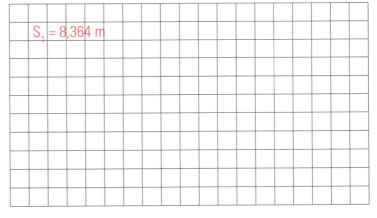

$S_1 = 8{,}364$ m

4)

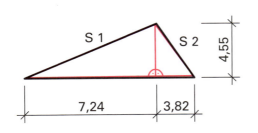

$S_1 = 8{,}551$ m

$S_2 = 5{,}941$ m

Pythagoras 2

Dachschrägen

Berechnen Sie bei allen Aufgaben die Längen der Dachschrägen in m.

5)

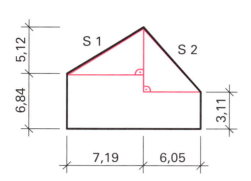

$S_1 = 8,827$ m

$S_2 = 10,72$ m

6)

$S_1 = 13,859$ m

$S_2 = 11,322$ m

7)

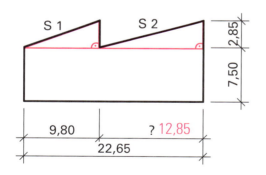

$S_1 = 10,206$ m

$S_2 = 13,162$ m

8)

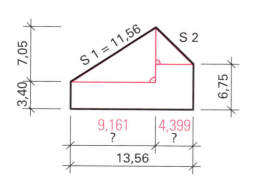

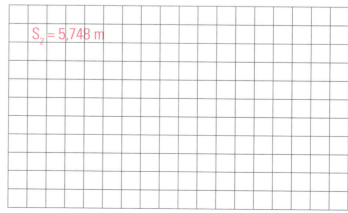

$S_2 = 5,748$ m

Name:

Klasse:

Datum:

Fach:

Berechnen Sie für die dargestellten Bodenplatten die Länge der Randschalung in m.

1)

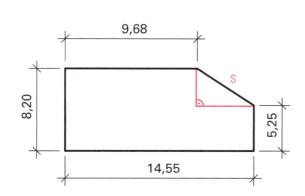

9,68

8,20

5,25

14,55

S

S = 5,694 m

U = 43,374 m

2)

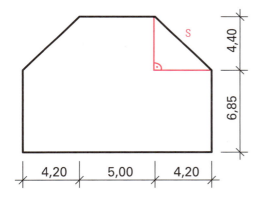

S

4,40

6,85

4,20   5,00   4,20

S = 6,083 m

U = 44,266 m

3)

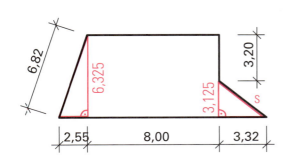

6,82

6,325

3,125

3,20

S

2,55   8,00   3,32

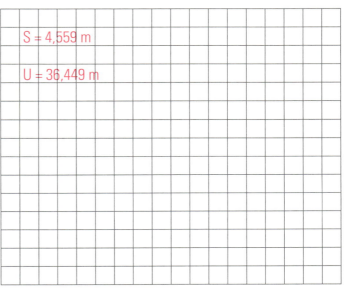

S = 4,559 m

U = 36,449 m

Berechnen Sie für die dargestellten Bodenplatten die Länge der Randschalung in m.

4)

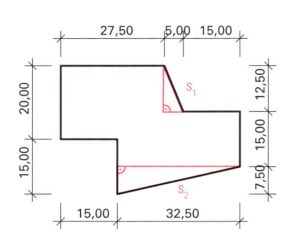

$S_1 = 13,463$ m

$S_2 = 33,354$ m

$U = 154,317$ m

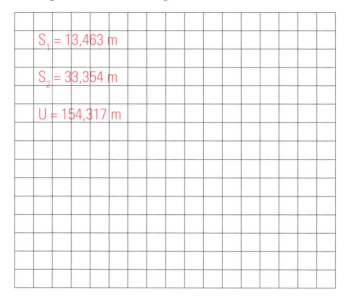

5)

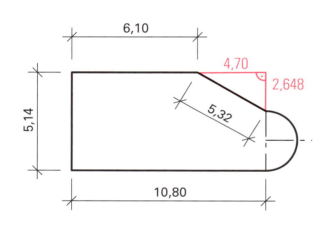

$U = 31,519$ m

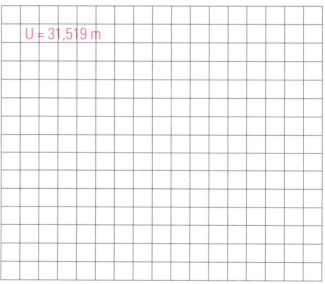

6)

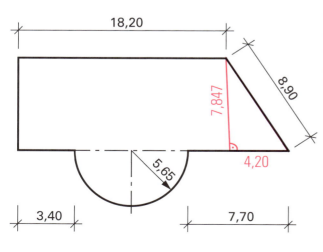

$U = 63,797$ m

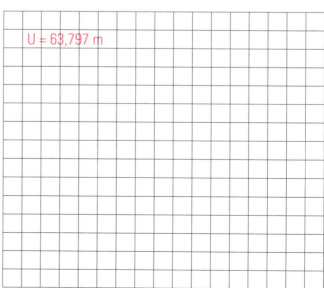

34

Name:

Klasse:

Datum:

Fach:

Die dargestellten Stahlbetondecken sollen eingeschalt werden.
Berechnen Sie dazu jeweils

a) die fehlenden Maße in m.
b) die Deckenschalfläche in m².
c) die Länge der Deckenrandschalung in m.

1)

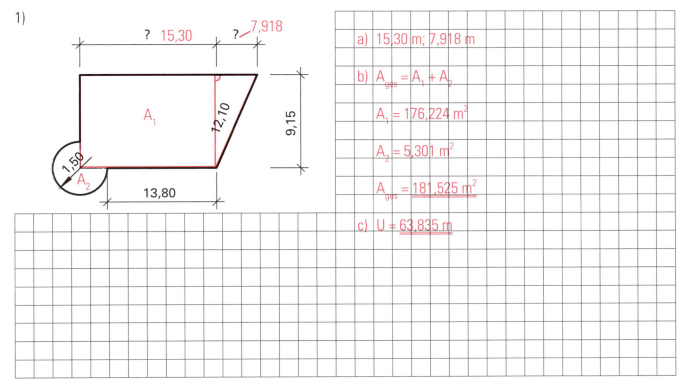

a) 15,30 m; 7,918 m

b) $A_{ges} = A_1 + A_2$

$A_1 = 176,224$ m²

$A_2 = 5,301$ m²

$A_{ges} = \underline{181,525}$ m²

c) $U = \underline{63,835}$ m

2)

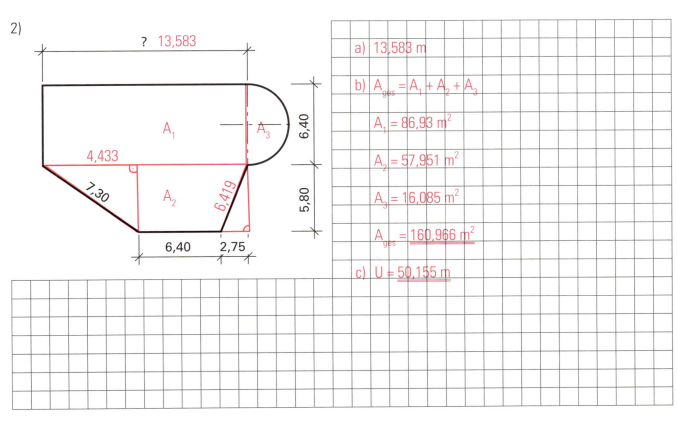

a) 13,583 m

b) $A_{ges} = A_1 + A_2 + A_3$

$A_1 = 86,93$ m²

$A_2 = 57,951$ m²

$A_3 = 16,085$ m²

$A_{ges} = \underline{160,966}$ m²

c) $U = \underline{50,155}$ m

Name:

Klasse:

Datum:

Fach:

Die dargestellten Stahlbetondecken sollen eingeschalt werden.
Berechnen Sie dazu jeweils

a) die fehlenden Maße in m.
b) die Deckenschalfläche in m^2.
c) die Länge der Deckenrandschalung in m.

3)

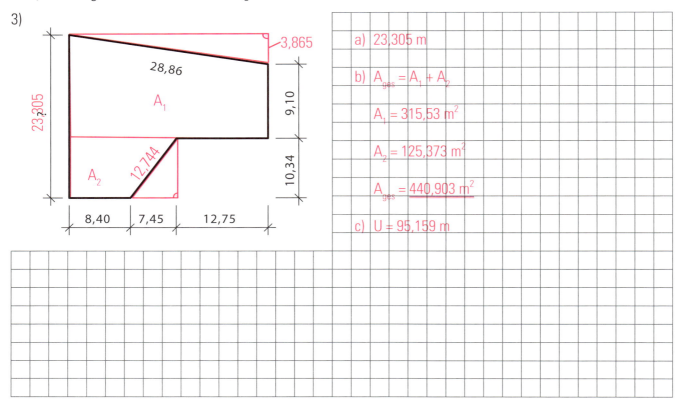

a) 23,305 m

b) $A_{ges} = A_1 + A_2$

$A_1 = 315,53\ m^2$

$A_2 = 125,373\ m^2$

$A_{ges} = 440,903\ m^2$

c) $U = 95,159\ m$

4)

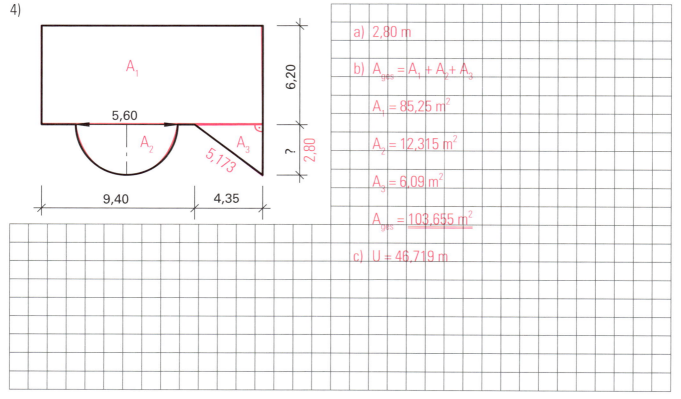

a) 2,80 m

b) $A_{ges} = A_1 + A_2 + A_3$

$A_1 = 85,25\ m^2$

$A_2 = 12,315\ m^2$

$A_3 = 6,09\ m^2$

$A_{ges} = 103,655\ m^2$

c) $U = 46,719\ m$

Pythagoras 5

Anwendungsaufgaben

Name:

Klasse:

Datum:

Fach:

1) Der dargestellte Parkplatz vor einer Halle soll neu gepflastert werden. Berechnen Sie dazu

   a) die Anzahl der Pflastersteine bei 6% Verschnitt (Steingröße 10/20 cm, Fugen bleiben unberücksichtigt).
   b) die Anzahl der Randsteine bei 1,00 m Steinlänge.

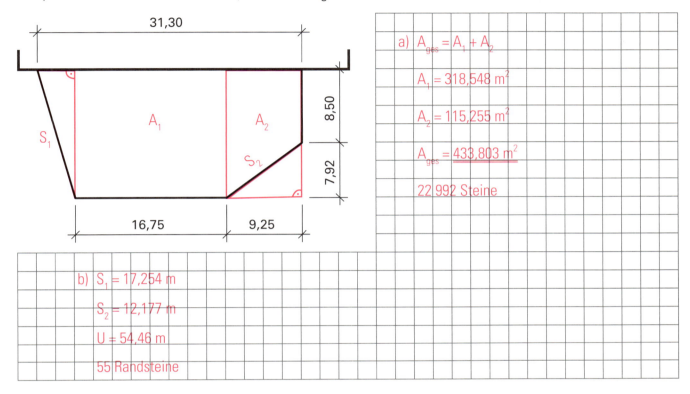

a) $A_{ges} = A_1 + A_2$

   $A_1 = 318,548 \text{ m}^2$

   $A_2 = 115,255 \text{ m}^2$

   $A_{ges} = \underline{433,803 \text{ m}^2}$

   $\underline{22\,992 \text{ Steine}}$

b) $S_1 = 17,254 \text{ m}$

   $S_2 = 12,177 \text{ m}$

   $U = 54,46 \text{ m}$

   $\underline{55 \text{ Randsteine}}$

2) Der Vorplatz eines Wohnhauses soll neu angelegt werden. Berechnen Sie dazu

   a) die Anzahl der Pflastersteine bei 6 % Verschnitt (Steingröße 15/15 cm, Fugen bleiben unberücksichtigt).
   b) die Anzahl der Randsteine bei 1,00 m Länge und die Anzahl der Bogenbordsteine bei 75 cm Länge.

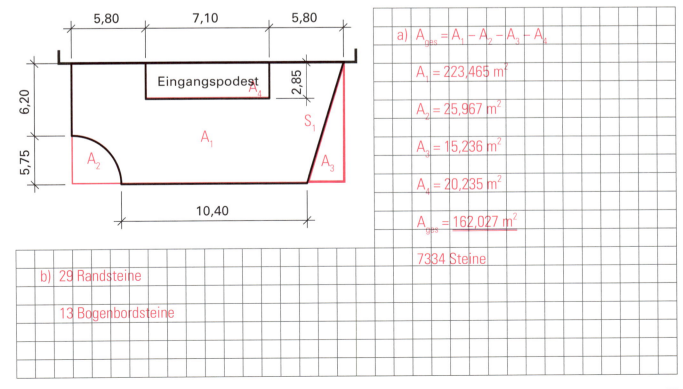

a) $A_{ges} = A_1 - A_2 - A_3 - A_4$

   $A_1 = 223,465 \text{ m}^2$

   $A_2 = 25,967 \text{ m}^2$

   $A_3 = 15,236 \text{ m}^2$

   $A_4 = 20,235 \text{ m}^2$

   $A_{ges} = \underline{162,027 \text{ m}^2}$

   $\underline{7334 \text{ Steine}}$

b) 29 Randsteine

   13 Bogenbordsteine

Pythagoras 5

Anwendungsaufgaben

Name:

Klasse:

Datum:

Fach:

3) Im Dachgeschoss eines Altbaus wird eine neue Wand eingezogen. Sie wird als Montagewand mit Metallprofilen und Gipskartonbauplatten hergestellt.
Berechnen Sie

a) die Anzahl der Gipskartonbauplatten (es werden Miniplatten 120 x 60 cm verwendet) bei beidseitig doppelter Beplankung.

b) die Länge des selbstklebenden Dichtungsbandes in m, das umlaufend die Fugen zwischen der neuen Wand und Wänden, Boden und Decke schließt.

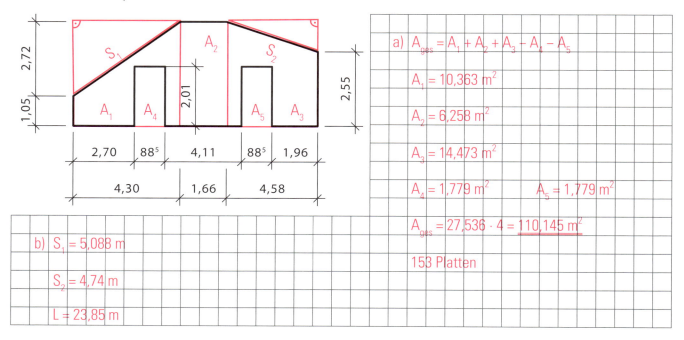

a) $A_{ges} = A_1 + A_2 + A_3 - A_4 - A_5$

$A_1 = 10,363 \text{ m}^2$

$A_2 = 6,258 \text{ m}^2$

$A_3 = 14,473 \text{ m}^2$

$A_4 = 1,779 \text{ m}^2 \qquad A_5 = 1,779 \text{ m}^2$

$A_{ges} = 27,536 \cdot 4 = \underline{110,145 \text{ m}^2}$

153 Platten

b) $S_1 = 5,088 \text{ m}$

$S_2 = 4,74 \text{ m}$

$L = 23,85 \text{ m}$

4) Für ein Gebäude wurde eine Aufmaßskizze erstellt. Berechnen Sie

a) die Gebäudehöhe in m.

b) die Dachfläche in m^2.

c) die Fläche der Giebelwand in m^2.

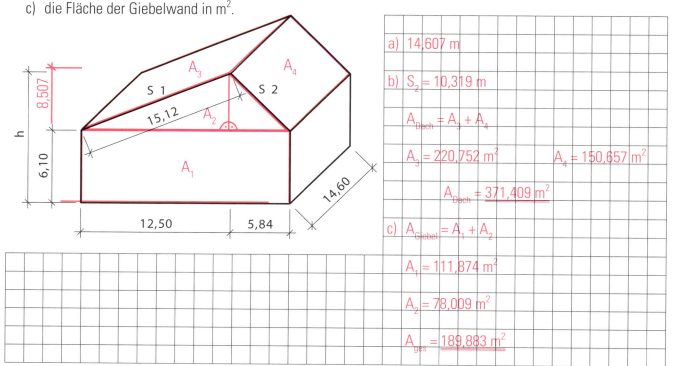

a) 14,607 m

b) $S_2 = 10,319 \text{ m}$

$A_{Dach} = A_3 + A_4$

$A_3 = 220,752 \text{ m}^2 \qquad A_4 = 150,657 \text{ m}^2$

$A_{Dach} = \underline{371,409 \text{ m}^2}$

c) $A_{Giebel} = A_1 + A_2$

$A_1 = 111,874 \text{ m}^2$

$A_2 = 78,009 \text{ m}^2$

$A_{ges} = \underline{189,883 \text{ m}^2}$

1) Das Sichtmauerwerk mit Korbbogen und Rollschicht eines historischen Bauernhauses muss saniert werden. Zur Kostenkalkulation berechnen Sie

   a) die Fläche des Korbbogens in m^2 (Bogenhöhe 49 cm).
   b) die Fassadenfläche inklusive Rollschicht in m^2 (Öffnung und Korbbogen abziehen).
   c) die Länge der Rollschicht (S 1) in m.

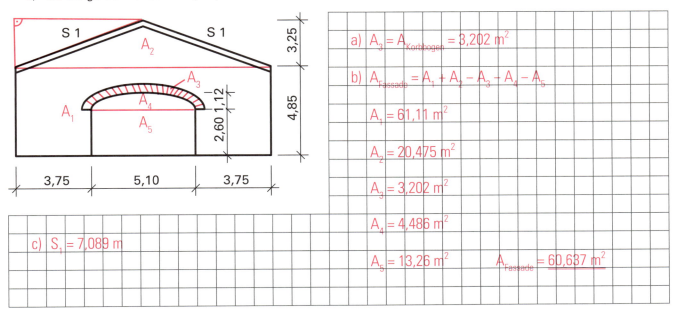

a) $A_3 = A_{Korbbogen} = 3{,}202$ m^2

b) $A_{Fassade} = A_1 + A_2 - A_3 - A_4 - A_5$

$A_1 = 61{,}11$ m^2

$A_2 = 20{,}475$ m^2

$A_3 = 3{,}202$ m^2

$A_4 = 4{,}486$ m^2

$A_5 = 13{,}26$ m^2 $A_{Fassade} = 60{,}637$ m^2

c) $S_1 = 7{,}089$ m

2) Das dargestellte Haus wird saniert und erhält einen neuen Dachstuhl. Dazu werden Ringbalken in den Dachschrägen und neue Fenster in die Fassade eingebaut. Anschließend erhält die Wand ein Wärmedämmverbundsystem. Berechnen Sie

   a) die Fläche für die Wärmedämmung (mit Ringbalken, ohne Fenster) in m^2.
   b) die Fläche des Ringbalkens in m^2.
   c) die Gesamthöhe h in m.

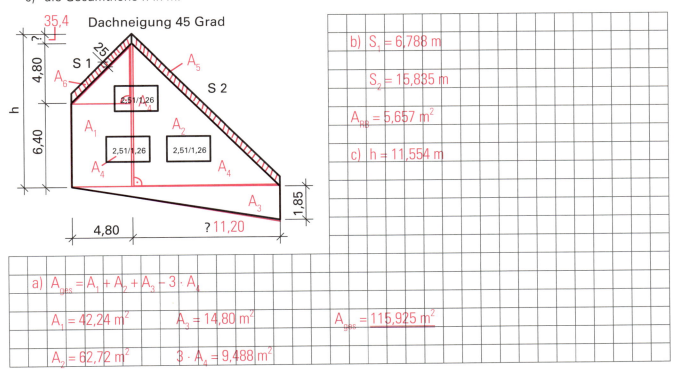

b) $S_1 = 6{,}788$ m

$S_2 = 15{,}835$ m

$A_{RB} = 5{,}657$ m^2

c) $h = 11{,}554$ m

a) $A_{ges} = A_1 + A_2 + A_3 - 3 \cdot A_4$

$A_1 = 42{,}24$ m^2 $A_3 = 14{,}80$ m^2 $A_{ges} = 115{,}925$ m^2

$A_2 = 62{,}72$ m^2 $3 \cdot A_4 = 9{,}488$ m^2

Name:

Klasse:

Datum:

Fach:

Pythagoras 6

Anwendungsaufgaben

3) Das Sichtmauerwerk einer historischen Toranlage soll saniert werden. Berechnen Sie

a) die Fläche des Mauerwerks (schraffierte Fläche) in m^2.

b) die gesamte Laibungsfläche (d = 36,5 cm) in m^2.

c) die Länge der Schräge S 1 in m.

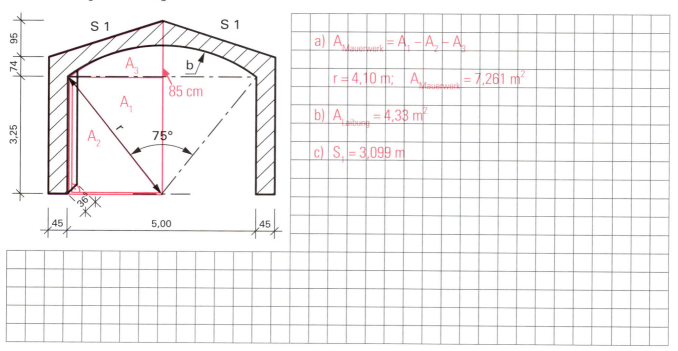

a) $A_{Mauerwerk} = A_1 - A_2 - A_3$

$r = 4,10$ m; $A_{Mauerwerk} = 7,261$ m^2

b) $A_{Laibung} = 4,33$ m^2

c) $S_1 = 3,099$ m

4) Der Eingangsbereich eines Wohnhauses soll eine Treppe in der Form eines halben Sechsecks erhalten. Podest und Stufe werden mit Natursteinplatten belegt.
Berechnen Sie

a) die Podestfläche.

b) die Auftrittsfläche der Stufe.

c) die Fläche der Vorderseite von Stufen und Podest (Setzstufe, 17 cm Steigungshöhe).

d) die Anzahl der Natursteinplatten 30/30 cm bei 15 % Verschnitt für die Gesamtfläche.

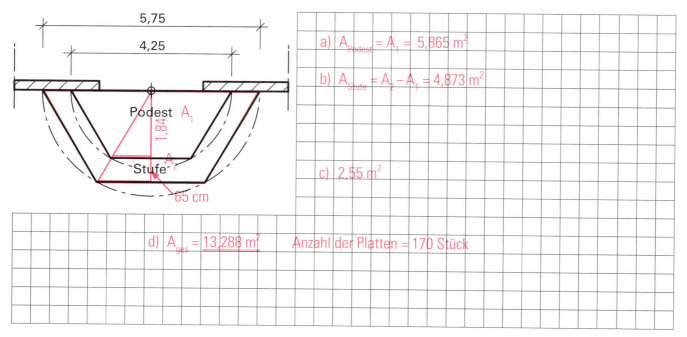

a) $A_{Podest} = A_1 = 5,865$ m^2

b) $A_{Stufe} = A_2 - A_1 = 4,873$ m^2

c) $2,55$ m^2

d) $A_{ges} = 13,288$ m^2 Anzahl der Platten = 170 Stück

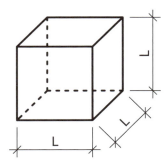

Würfel

$V = L \cdot L \cdot L$

$M = 4 \cdot L \cdot L = 4 \cdot L^2$

$O = 6 \cdot L \cdot L = 6 \cdot L^2$

Prisma – stehend

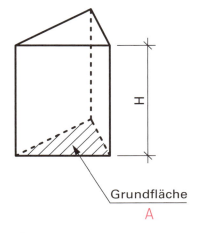

Grundfläche
A

$V = A \cdot H$

$M = $ Umfang von $A \cdot H$

$O = M + 2 \cdot A$

Quader

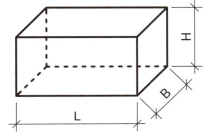

$V = L \cdot B \cdot H$

$M = 2 \cdot L \cdot H + 2 \cdot B \cdot H$

$O = M + 2 \cdot L \cdot B$

Prisma – liegend

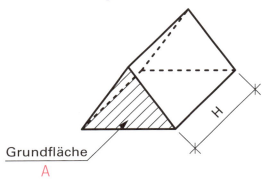

Grundfläche
A

Zylinder

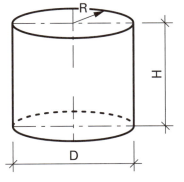

$V = R^2 \cdot \pi \cdot H$

$M = D \cdot \pi \cdot H$

$O = M + 2 \cdot R^2 \cdot \pi$

Weitere Prismen

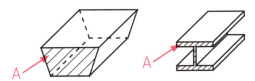

A   A

Regel zum Erkennen der Grundfläche:

Grundfläche A →
sie ist zweimal vorhanden,
in gleicher Größe und parallel

Name:

Klasse:

Volumenberechnung 1

Anwenden der Formeln

Datum:

Fach:

Berechnen Sie die Aufgaben in m³ und m².

1) Fundament
   Berechnen Sie V und M (Schalungsfläche).

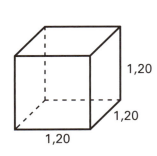

1,20
1,20
1,20

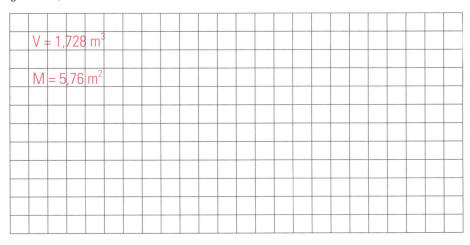

V = 1,728 m³

M = 5,76 m²

2) Stahlbehälter
   Berechnen Sie V und O (Anstrichfläche außen).

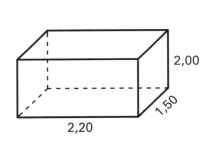

2,00
1,50
2,20

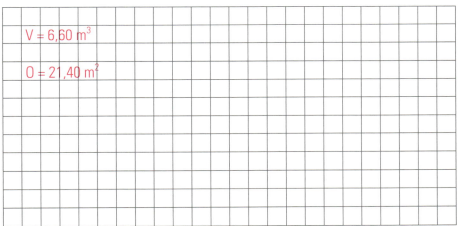

V = 6,60 m³

O = 21,40 m²

3) Stahlbetonsilo
   Berechnen Sie V und M (Schalungsfläche außen).

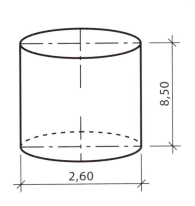

8,50
2,60

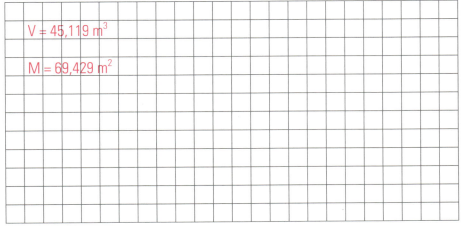

V = 45,119 m³

M = 69,429 m²

Berechnen Sie die Aufgaben in m³ und m².

4) Balken
   Berechnen Sie V und O (Anstrichfläche).

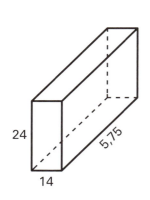

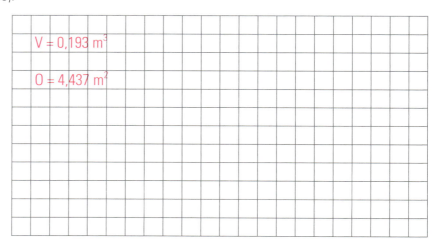

$V = 0{,}193 \ m^3$

$O = 4{,}437 \ m^2$

5) Satteldach
   Berechnen Sie V und die Dachfläche.

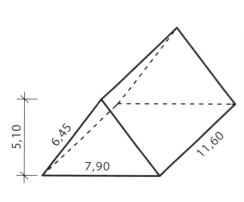

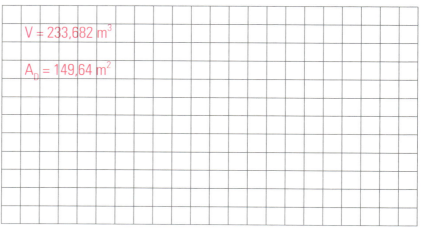

$V = 233{,}682 \ m^3$

$A_D = 149{,}64 \ m^2$

6) Graben
   Berechnen Sie V (Aushub) und die Abdeckung der Böschungsflächen links und rechts mit Folie.

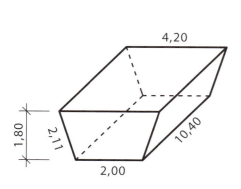

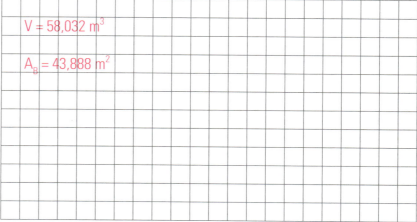

$V = 58{,}032 \ m^3$

$A_B = 43{,}888 \ m^2$

Name:

Klasse:

Volumenberechnung 2

Zusammengesetzte Körper

Datum:

Fach:

Meistens findet man in der Praxis zusammengesetzte Baukörper vor. Genau wie bei der Flächenberechnung werden die Baukörper in Teilkörper zerlegt. Die Einzelkörper werden berechnet, die Einzelergebnisse zusammengefasst.

 Berechnen Sie das Volumen in m^3.

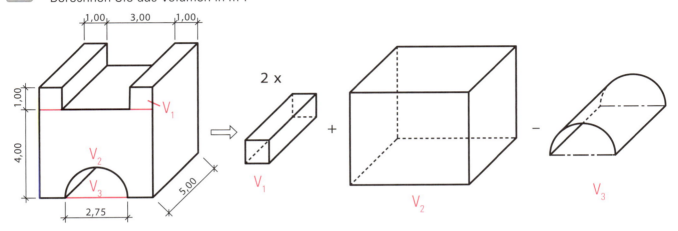

V gesamt = $2 \cdot V_1 + V_2 - V_3$

$V_1 = 5,00 \cdot 2 = 10,00 \ m^3$

$V_2 = 100,00 \ m^3$

$V_3 = 14,849 \ m^3$

$V_{ges} = 95,151 \ m^3$

Name:

Klasse:

Volumenberechnung 2
Zusammengesetzte Körper

Datum:

Fach:

Berechnen Sie das Volumen in m^3.

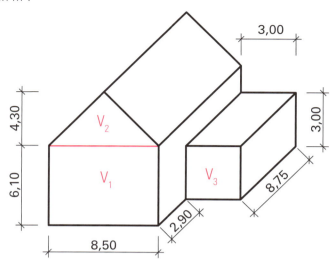

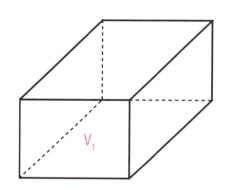 + 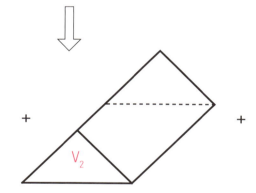 +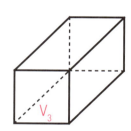

V gesamt = $V_1 + V_2 + V_3$

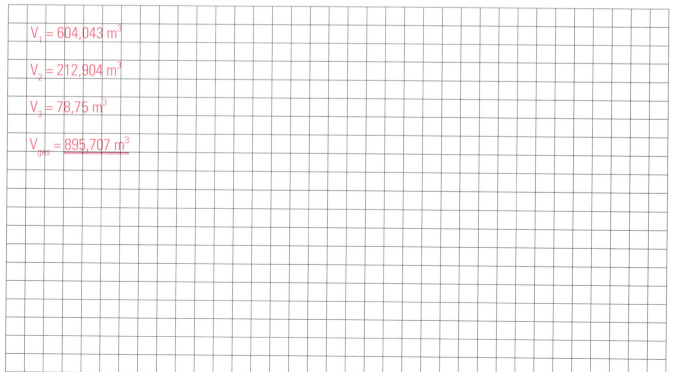

$V_1 = 604{,}043 \text{ m}^3$

$V_2 = 212{,}904 \text{ m}^3$

$V_3 = 78{,}75 \text{ m}^3$

$V_{ges} = \underline{895{,}707 \text{ m}^3}$

Name:

Klasse:

Volumenberechnung 3
Zusammengesetzte Körper

Datum:

Fach:

 Berechnen Sie für die abgebildeten Baukörper das Volumen in m³.

1)

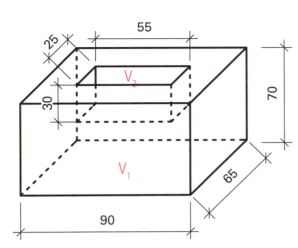

$$V_{ges} = V_1 - V_2$$

$$V_1 = 0{,}410 \text{ m}^3$$

$$V_2 = 0{,}041 \text{ m}^3$$

$$V_{ges} = 0{,}369 \text{ m}^3$$

2)

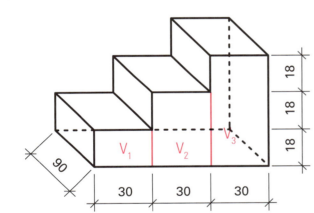

$$V_{ges} = V_1 + V_2 + V_3$$

$$V_1 = 0{,}049 \text{ m}^3$$

$$V_2 = 0{,}097 \text{ m}^3$$

$$V_3 = 0{,}146 \text{ m}^3$$

$$V_{ges} = 0{,}292 \text{ m}^3$$

3)

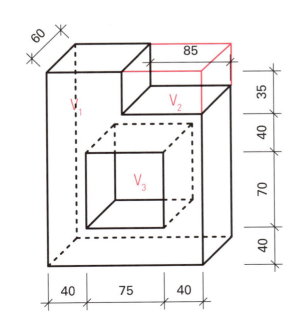

$$V_{ges} = V_1 - V_2 - V_3$$

$$V_1 = 1{,}721 \text{ m}^3$$

$$V_2 = 0{,}179 \text{ m}^3$$

$$V_3 = 0{,}315 \text{ m}^3$$

$$V_{ges} = 1{,}227 \text{ m}^3$$

Name:

Klasse:

Datum:

Fach:

 Berechnen Sie für die abgebildeten Baukörper das Volumen in m³.

4)

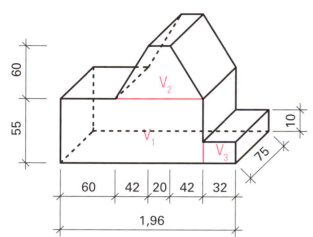

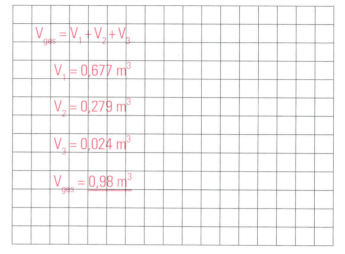

$$V_{ges} = V_1 + V_2 + V_3$$

$$V_1 = 0,677 \ m^3$$

$$V_2 = 0,279 \ m^3$$

$$V_3 = 0,024 \ m^3$$

$$V_{ges} = \underline{0,98 \ m^3}$$

5)

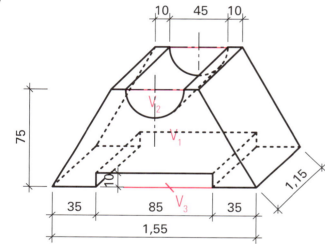

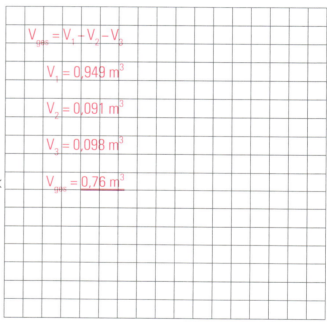

$$V_{ges} = V_1 - V_2 - V_3$$

$$V_1 = 0,949 \ m^3$$

$$V_2 = 0,091 \ m^3$$

$$V_3 = 0,098 \ m^3$$

$$V_{ges} = \underline{0,76 \ m^3}$$

6)

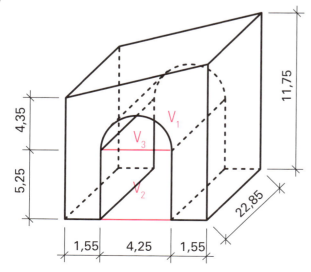

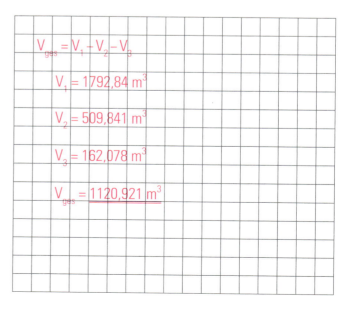

$$V_{ges} = V_1 - V_2 - V_3$$

$$V_1 = 1792,84 \ m^3$$

$$V_2 = 509,841 \ m^3$$

$$V_3 = 162,078 \ m^3$$

$$V_{ges} = \underline{1120,921 \ m^3}$$

Name:

Klasse:

Volumenberechnung 4
Stahlbetonsäulen

Datum:

Fach:

 Berechnen Sie für die abgebildeten Stahlbetonsäulen

a) das Volumen in m³.
b) die Schalungsfläche in m² (nur seitliche Flächen = Mantelfläche).

1)

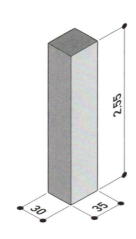

a) $V = 0{,}268$ m³

b) $A = 3{,}315$ m²

2)

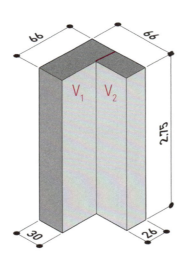

a) $V_{ges} = V_1 + V_2$

$V_1 = 0{,}545$ m³

$V_2 = 0{,}257$ m³

$V_{ges} = 0{,}802$ m³

b) $A = 7{,}26$ m²

3)

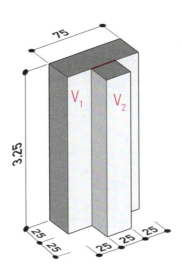

a) $V_{ges} = V_1 + V_2$

$V_1 = 0{,}609$ m³

$V_2 = 0{,}203$ m³

$V_{ges} = 0{,}812$ m³

b) $A = 8{,}125$ m²

Volumenberechnung 4

Stahlbetonsäulen

Name:

Klasse:

Datum:

Fach:

 Berechnen Sie für die abgebildeten Stahlbetonsäulen

a) das Volumen in m^3.

b) die Schalungsfläche in m^2 (nur seitliche Flächen = Mantelfläche).

4)

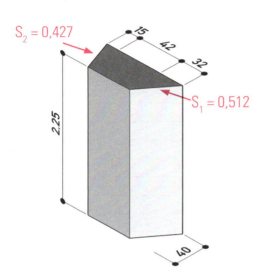

$S_2 = 0,427$

$S_1 = 0,512$

15

42

32

2,25

40

a) $V = 0,59 \ m^3$

b) $A = 5,06 \ m^2$

5)

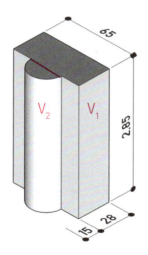

65

V_2 V_1

2,85

28

15

a) $V_{ges} = V_1 + V_2$

$V_1 = 0,519 \ m^3$

$V_2 = 0,101 \ m^3$

$V_{ges} = 0,62 \ m^3$

b) $A = 5,789 \ m^2$

6)

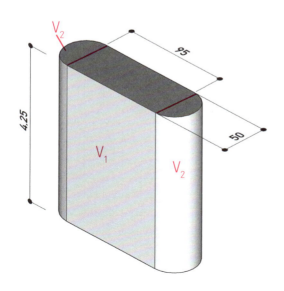

V_2

95

4,25

50

V_1

V_2

a) $V_{ges} = V_1 + 2 \cdot V_2$

$V_1 = 2,019 \ m^3$

$V_2 = 0,834 \ m^3$

$V_{ges} = 2,853 \ m^3$

b) $A = 14,75 \ m^2$

Volumenberechnung 5
Mauerwerk

Name:

Klasse:

Datum:

Fach:

Berechnen Sie für die abgebildeten Mauerstücke das Volumen in m³.

1)

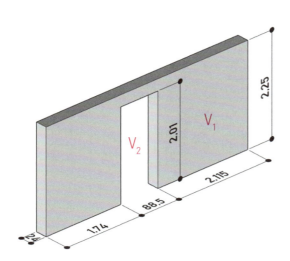

$$V_{ges} = V_1 - V_2$$

$$V_1 = 2{,}56 \ m^3$$

$$V_2 = 0{,}427 \ m^3$$

$$V_{ges} = 2{,}133 \ m^3$$

2)

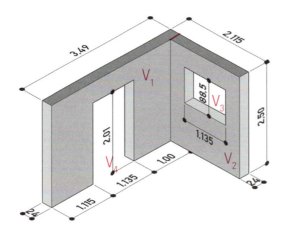

$$V_{ges} = V_1 + V_2 - V_3 - V_4$$

$$V_1 = 2{,}094 \ m^3$$

$$V_2 = 1{,}125 \ m^3$$

$$V_3 = 0{,}241 \ m^3$$

$$V_4 = 0{,}548 \ m^3$$

$$V_{ges} = 2{,}43 \ m^3$$

3)

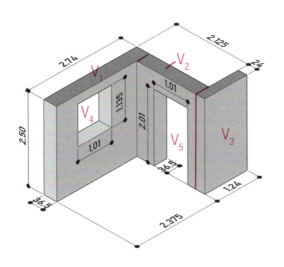

$$V_{ges} = V_1 + V_2 + V_3 - V_4 - V_5$$

$$V_1 = 2{,}50 \ m^3$$

$$V_2 = 1{,}606 \ m^3$$

$$V_3 = 0{,}744 \ m^3$$

$$V_4 = 0{,}418 \ m^3$$

$$V_5 = 0{,}741 \ m^3$$

$$V_{ges} = 3{,}691 \ m^3$$

Volumenberechnung 5

Mauerwerk

Berechnen Sie für die abgebildeten Mauerstücke

a) das Volumen des Mauerwerks in m^3.
b) das Volumen des Stahlbetons in m^3.

4)

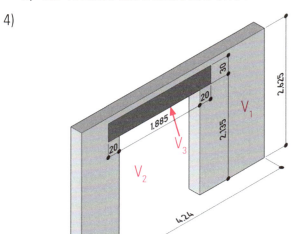

a) $V_{Mauerwerk} = V_1 - V_2 - V_3$

$V_1 = 2,671\ m^3$

$V_2 = 0,966\ m^3$

$V_3 = 0,165\ m^3$

$V_{Mauerwerk} = 1,54\ m^3$

b) $V_{Stahlbeton} = V_3 = 0,165\ m^3$

5)

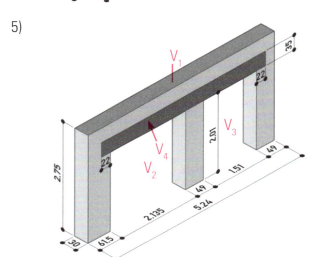

a) $V_{Mauerwerk} = V_1 - V_2 - V_3 - V_4$

$V_1 = 4,323\ m^3$

$V_2 = 1,287\ m^3$

$V_3 = 0,911\ m^3$ $\qquad$ $V_4 = 0,48\ m^3$

$V_{Mauerwerk} = 1,645\ m^3$

b) $V_{Stahlbeton} = V_4 = 0,48\ m^3$

6)

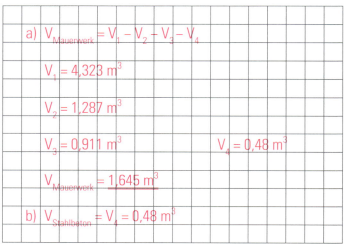

Ringbalken h = 35 cm

a) $V_{Mauerwerk} = V_1 + V_2 + V_3 - V_6$

$V_1 = 3,933\ m^3$ $\qquad$ $V_2 = 1,368\ m^3$

$V_3 = 0,375\ m^3$ $\qquad$ $V_6 = 2,527\ m^3$

$V_{Mauerwerk} = 3,149\ m^3$

b) $V_{Stahlbeton} = V_4 + V_5$

$V_4 = 0,574\ m^3$ $\qquad$ $V_5 = 0,20\ m^3$

$V_{Stahlbeton} = 0,774\ m^3$

Name:

Klasse:

Datum:

Fach:

1) Herzustellen ist ein quadratisches Fundament mit quadratischem Köcher.
   Berechnen Sie

   a) die Betonmenge in m^3.
   b) die äußere Schalfläche in m^2.
   c) die Schalfläche für den Köcher in m^2.

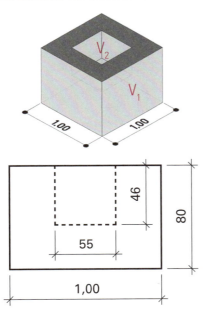

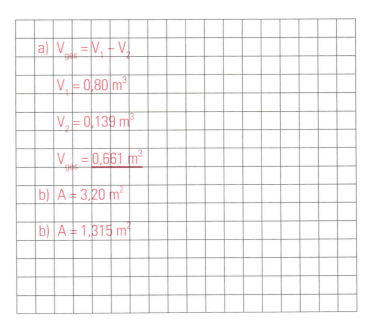

a) $V_{ges} = V_1 - V_2$

   $V_1 = 0{,}80$ m^3

   $V_2 = 0{,}139$ m^3

   $V_{ges} = \underline{0{,}661}$ m^3

b) $A = 3{,}20$ m^2

b) $A = 1{,}315$ m^2

2) Für ein Bauvorhaben soll das abgetreppte quadratische Fundament zwölfmal hergestellt werden. Im ersten Betoniervorgang werden alle Unterteile, zwei Tage später im zweiten Betoniervorgang alle Oberteile hergestellt.
   Berechnen Sie

   a) die Betonmenge für jeden Betonierabschnitt in m^3.
   b) die Gesamtfläche der seitlichen Schalflächen für ein Fundament in m^2.

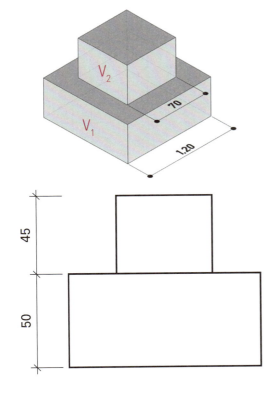

a) Betonierabschnitt 1

   $V_1 = 0{,}72 \cdot 12 = 8{,}64$ m^3

   Betonierabschnitt 2

   $V_2 = 0{,}221 \cdot 12 = 2{,}646$ m^3

b) $A = 3{,}66$ m^2

Volumenberechnung 6

Fundamente

Name:

Klasse:

Datum:

Fach:

3) Berechnen Sie für das Streifenfundament

   a) die Betonmenge in m^3.
   b) die Schalfläche (innen und außen) in m^2.

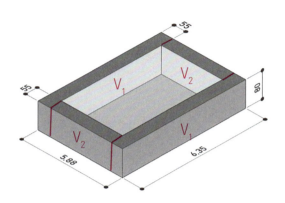

a) $V_{ges} = 2 \cdot V_1 + 2 \cdot V_2$

$2 \cdot V_1 = 5{,}588 \ m^3$

$2 \cdot V_2 = 4{,}206 \ m^3$

$V_{ges} = 9{,}794 \ m^3$

b) $A_{innen} = 16{,}048 \ m^2$

$A_{auße} = 19{,}568 \ m^2$

$A_{ges} = 35{,}616 \ m^2$

4) Das Streifenfundament eines Wohnhauses ist 60 cm tief ab OK Baugrubensohle ausgeschachtet und wird 15 cm höher als die Baugrubensohle betoniert. Dazu wird das Fundament 15 cm hoch abgeschalt. Der Zwischenraum wird mit Rollkies aufgefüllt.
Berechnen Sie

   a) die benötigte Betonmenge in m^3.
   b) die Länge der seitlichen Abschalung in m.
   c) die Kiesmenge in m^3.

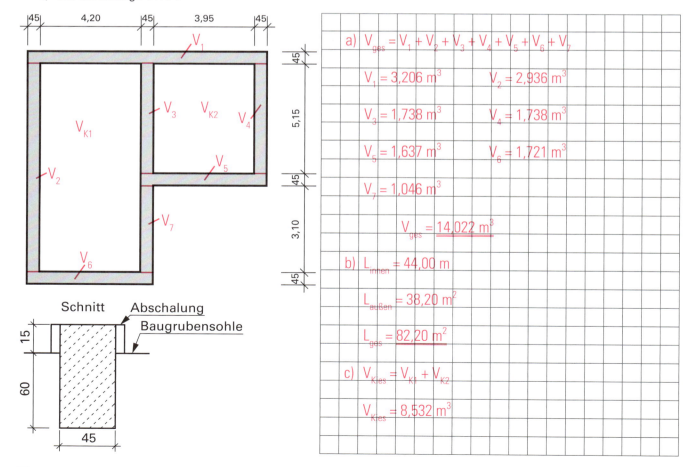

a) $V_{ges} = V_1 + V_2 + V_3 + V_4 + V_5 + V_6 + V_7$

$V_1 = 3{,}206 \ m^3$ $V_2 = 2{,}936 \ m^3$

$V_3 = 1{,}738 \ m^3$ $V_4 = 1{,}738 \ m^3$

$V_5 = 1{,}637 \ m^3$ $V_6 = 1{,}721 \ m^3$

$V_7 = 1{,}046 \ m^3$

$V_{ges} = 14{,}022 \ m^3$

b) $L_{innen} = 44{,}00 \ m$

$L_{außen} = 38{,}20 \ m^2$

$L_{ges} = 82{,}20 \ m^2$

c) $V_{Kies} = V_{K1} + V_{K2}$

$V_{Kies} = 8{,}532 \ m^3$

Volumenberechnung 7

Anwendungsaufgaben

Name:

Klasse:

Datum:

Fach:

1) Die Stahlbetonsäule ist 3,95 m hoch. Sie wird auf der Baustelle geschalt und betoniert.
   Berechnen Sie

   a) die Betonmenge in m^3.
   b) die Schalfläche in m^2.

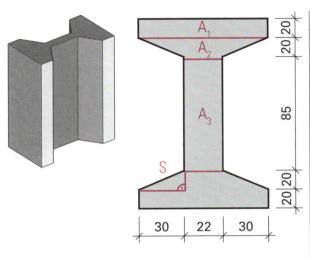

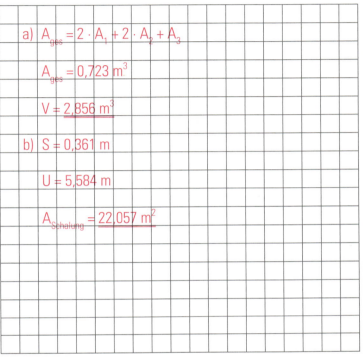

a) $A_{ges} = 2 \cdot A_1 + 2 \cdot A_2 + A_3$

$A_{ges} = 0{,}723\ m^3$

$V = 2{,}856\ m^3$

b) $S = 0{,}361\ m$

$U = 5{,}584\ m$

$A_{Schalung} = 22{,}057\ m^2$

2) Eine Stahlbetonplatte wird als Fertigteil hergestellt. Die Platte ist 24 cm dick.
   Berechnen Sie

   a) das Volumen in m^3.
   b) die Länge der Randabschalung in m.

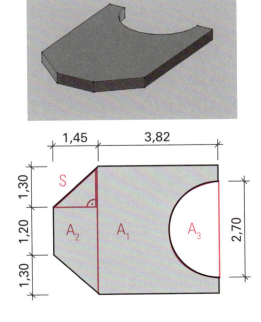

a) $A = A_1 + A_2 - A_3$

$A = 15{,}278\ m^3$

$V = 3{,}667\ m^3$

b) $S = 1{,}947\ m$

Länge der Randschalung = 18,075 m

Volumenberechnung 7

Anwendungsaufgaben

Name:

Klasse:

Datum:

Fach:

3) Eine außen 2,70 m breite Materialbox soll mit 20 cm Wandstärke betoniert werden.

   a) Berechnen Sie die benötigte Betonmenge in m^3.
   b) Die Bodenfläche erhält als Verschleißschicht einen Hartstoffestrich von 6 cm Dicke. Wie viel m^3 Estrich sind erforderlich?

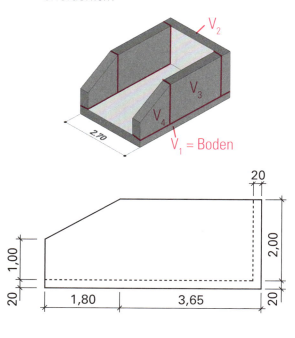

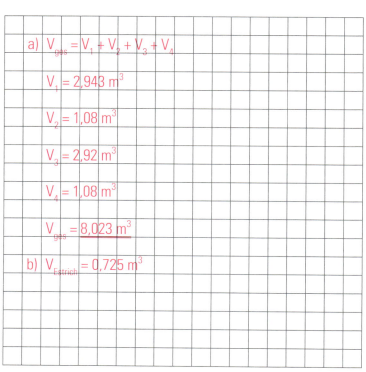

a) $V_{ges} = V_1 + V_2 + V_3 + V_4$

$V_1 = 2,943\ m^3$

$V_2 = 1,08\ m^3$

$V_3 = 2,92\ m^3$

$V_4 = 1,08\ m^3$

$V_{ges} = 8,023\ m^3$

b) $V_{Estrich} = 0,725\ m^3$

4) Der 60 cm breite Lagerkörper für eine Industriepresse wird als Stahlbetonfertigteil hergestellt. Berechnen Sie

   a) das Volumen in m^3.
   b) die Fläche der halbrunden Beschichtungsfläche in m^2.

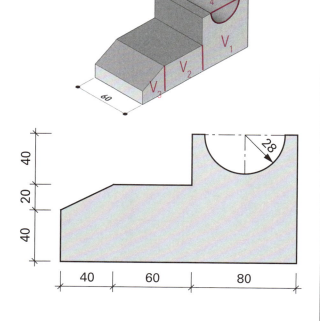

a) $V_{ges} = V_1 + V_2 + V_3 - V_4$

$V_1 = 0,48\ m^3$

$V_2 = 0,216\ m^3$

$V_3 = 0,12\ m^3$

$V_4 = 0,074\ m^3$

$V_{ges} = 0,742\ m^3$

b) $A = 0,528\ m^2$

Name:

Klasse:

Datum:

Fach:

1) Für einen Autostellplatz soll eine Stützwand betoniert werden. Berechnen Sie

    a) die Betonmenge in m^3 bei 20 cm Wanddicke.

    b) die drei Außenflächen der Stützwand in m^2. Dort soll eine bituminöse Abdichtung aufgebracht werden.

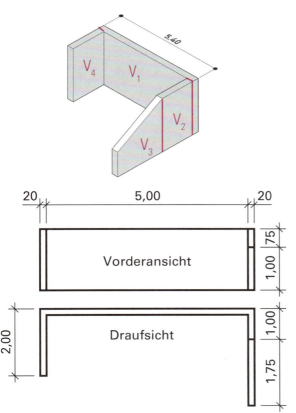

a) $V_{ges} = V_1 + V_2 + V_3 + V_4$

$V_1 = 1,89\ m^3$

$V_2 = 0,28\ m^3$

$V_3 = 0,481\ m^3$

$V_4 = 0,63\ m^3$

$V_{ges} = 3,281\ m^3$

b) $A = 17,106\ m^2$

2) Der Stahlbetonbalken wird auf der Baustelle geschalt und betoniert. Er ist 35 cm breit. Berechnen Sie

    a) die Betonmenge in m^3.

    b) die Schalfläche (unten und seitlich einschließlich der Kopfflächen) in m^2.

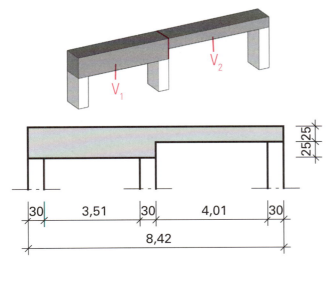

a) $V_{ges} = V_1 + V_2$

$V_1 = 0,719\ m^3$

$V_2 = 0,377\ m^3$

$V_{ges} = 1,096\ m^3$

b) $A = 9,247\ m^2$

Volumenberechnung 8
Anwendungsaufgaben

Name:

Klasse:

Datum:

Fach:

3) Die innen hohle Stahlbetonsäule unter einer Brücke soll geschalt und betoniert werden. Sie steht auf einem Fundament.
Berechnen Sie:

a) die Schalfläche für die Säule innen und außen in m².
b) die Betonmenge für die Säule und das Fundament in m³.

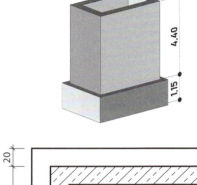

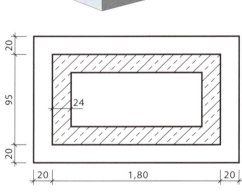

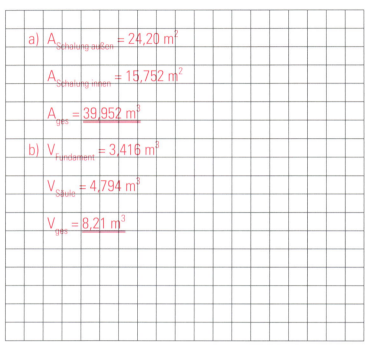

a) $A_{\text{Schalung außen}} = 24{,}20 \text{ m}^2$

$A_{\text{Schalung innen}} = 15{,}752 \text{ m}^2$

$A_{\text{ges}} = \underline{39{,}952 \text{ m}^3}$

b) $V_{\text{Fundament}} = 3{,}416 \text{ m}^3$

$V_{\text{Säule}} = 4{,}794 \text{ m}^3$

$V_{\text{ges}} = \underline{8{,}21 \text{ m}^3}$

4) Ein 4,00 m hoher Wasserbehälter steht auf einer Bodenplatte, die 25 cm übersteht. Nach dem Erhärten der Bodenplatte wird der Behälter geschalt und betoniert. Berechnen Sie

a) die Schafläche des Behälters innen und außen in m².
b) die Betonmenge für Bodenplatte und Behälter in m³.

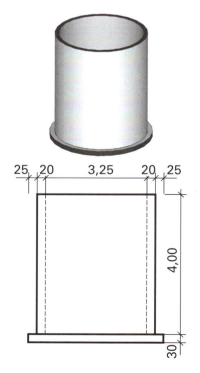

a) $A_{\text{Schalung außen}} = 45{,}867 \text{ m}^2$

$A_{\text{Schalung innen}} = 40{,}841 \text{ m}^2$

$A_{\text{ges}} = \underline{86{,}708 \text{ m}^2}$

b) $V_{\text{Bodenpl}} = 4{,}058 \text{ m}^3$

$V_{\text{Behälter}} = 8{,}671 \text{ m}^3$

$V_{\text{ges}} = \underline{12{,}729 \text{ m}^3}$

Volumenberechnung 9

Anwendungsaufgaben

Name:

Klasse:

Datum:

Fach:

1) In einer Industriehalle muss bei Umbauarbeiten das dargestellte Fundament mit Säule betoniert werden. Da die Bauteile sichtbar bleiben sollen, werden sie in Sichtbeton hergestellt. Alle Kanten (außer Kanten der Bodenfläche) werden mit Dreikantleisten hergestellt. Berechnen Sie

   a) die Schalfläche (Fundament + Säule).
   b) die Betonmenge für Fundament und Säule in m^3.

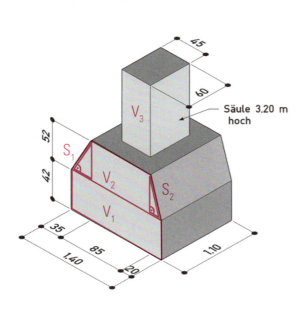

Säule 3,20 m hoch

a) $S_1 = 0{,}627$ m

   $S_2 = 0{,}557$ m

   $A_{Schalung} = 10{,}831$ m^2

b) $V_{ges} = V_1 + V_2 + V_3$

   $V_1 = 0{,}647$ m^3

   $V_2 = 0{,}644$ m^3

   $V_3 = 0{,}864$ m^3

   $V_{ges} = \underline{2{,}155}$ m^3

2) Zur Hangbefestigung soll eine Stahlbetonstützwand gebaut werden. Die Ober- und die Vorderseite sind in Sichtbeton zu erstellen, die Rückseite erhält eine bituminöse Abdichtung bis zur Oberkante der Verfüllung. Berechnen Sie

   a) die Sichtbetonfläche.
   b) die Abdichtungsfläche.
   c) die Betonmenge für die Stützwand.
   d) die Betonmenge für das Fundament (Überstand 15 cm).

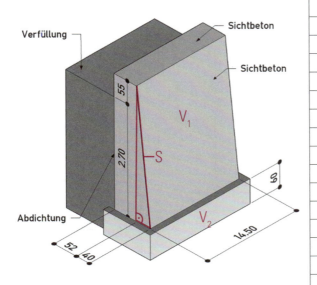

Verfüllung

Sichtbeton

Sichtbeton

Abdichtung

a) $S = 3{,}275$ m

   $A_{Sichtbeton} = 55{,}021$ m^2

b) $A_{Abdichtung} = 39{,}15$ m^2

c) $V_1 = 33{,}93$ m^3 Beton

d) $V_2 = 10{,}834$ m^3 Beton

Volumenberechnung 9

Anwendungsaufgaben

Name:

Klasse:

Datum:

Fach:

3) Ein Stahlbetonträger mit Rohrhohlkörpern zur Gewichtsreduzierung soll als Fertigteil betoniert werden. Berechnen Sie die Betonmenge in m³.

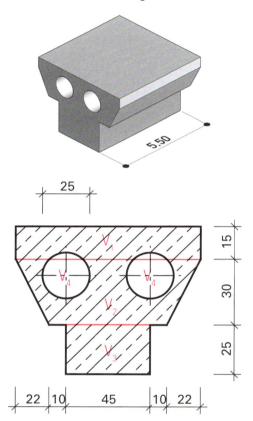

$$V_{ges} = V_1 + V_2 + V_3 - 2 \cdot V_4$$

$$V_1 = 0{,}899 \ m^3$$

$$V_2 = 1{,}436 \ m^3$$

$$V_3 = 0{,}619 \ m^3$$

$$V_4 = 0{,}54 \ m^3$$

$$V_{ges} = \underline{2{,}414 \ m^3}$$

4) Für die Stahlbetonsäule soll die Schalung geplant werden.
Berechnen Sie die Schalfläche in m².

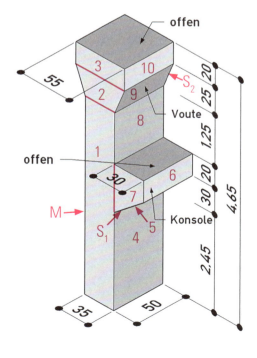

11 Schalungflächen

$$S_1 = 0{,}424 \ m \qquad S_2 = 0{,}269 \ m$$

$$A_1 = 2{,}94 \ m^2 \qquad A_2 = 0{,}225 \ m^2$$

$$A_3 = 0{,}22 \ m^2 \qquad A_4 = 1{,}225 \ m^2$$

$$A_5 = 0{,}212 \ m^2 \qquad A_6 = 0{,}10 \ m^2$$

$$A_7 = 0{,}21 \ m^2 \qquad A_8 = 0{,}625 \ m^2$$

$$A_9 = 0{,}269 \ m^2 \qquad A_{10} = 0{,}20 \ m^2$$

$$A_{11} = 2{,}10 \ m^2$$

$$A_{ges} = \underline{8{,}326 \ m^2}$$

Formelblatt
Steinformate

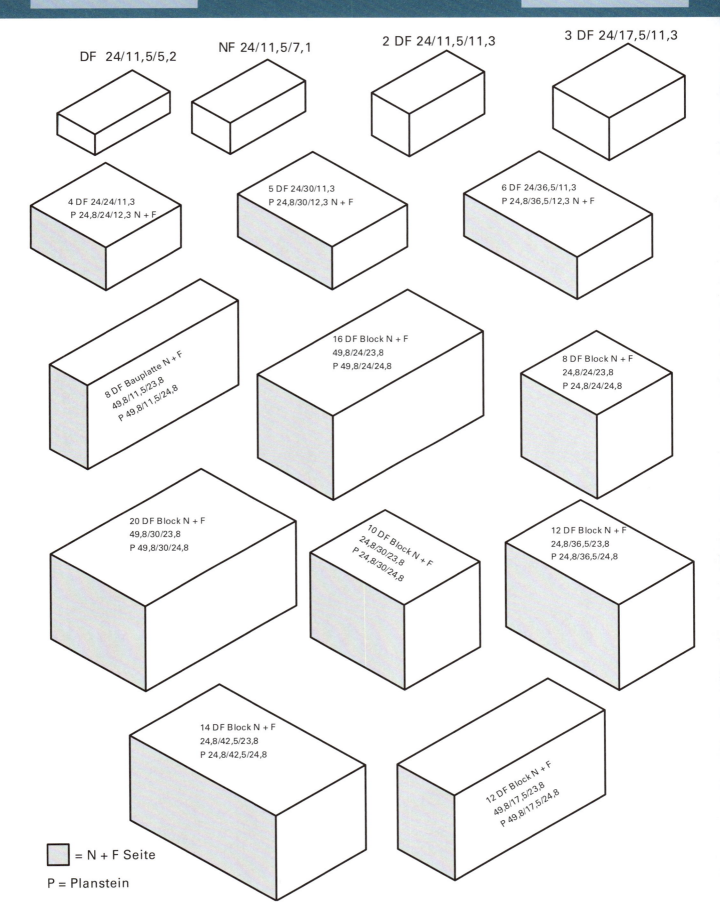

DF 24/11,5/5,2

NF 24/11,5/7,1

2 DF 24/11,5/11,3

3 DF 24/17,5/11,3

4 DF 24/24/11,3
P 24,8/24/12,3 N + F

5 DF 24/30/11,3
P 24,8/30/12,3 N + F

6 DF 24/36,5/11,3
P 24,8/36,5/12,3 N + F

8 DF Bauplatte N + F
49,8/11,5/23,8
P 49,8/11,5/24,8

16 DF Block N + F
49,8/24/23,8
P 49,8/24/24,8

8 DF Block N + F
24,8/24/23,8
P 24,8/24/24,8

20 DF Block N + F
49,8/30/23,8
P 49,8/30/24,8

10 DF Block N + F
24,8/30/23,8
P 24,8/30/24,8

12 DF Block N + F
24,8/36,5/23,8
P 24,8/36,5/24,8

14 DF Block N + F
24,8/42,5/23,8
P 24,8/42,5/24,8

12 DF Block N + F
49,8/17,5/23,8
P 49,8/17,5/24,8

☐ = N + F Seite

P = Planstein

61

Formelblatt

Maßordnung – Mauerhöhen

Name:

Klasse:

Datum:

Fach:

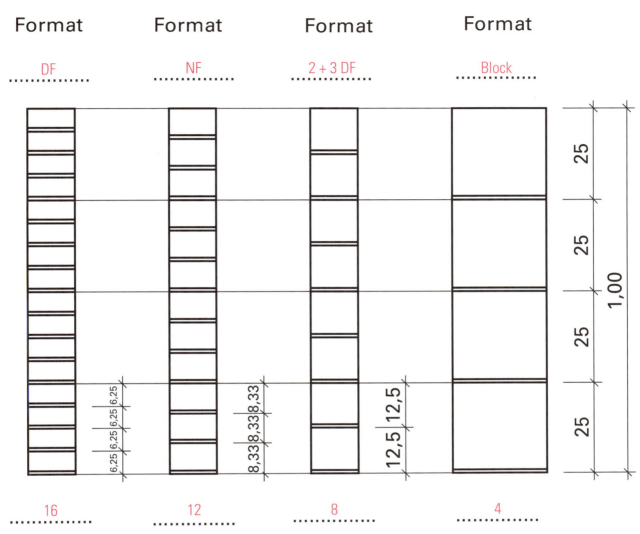

Format ......DF...... Format ......NF...... Format ....2 + 3 DF.... Format ....Block....

16 .... 12 .... 8 .... 4 ....

Schichten auf 1,00 m

Tabelle für Mauerhöhen (Maße in cm)					
Steinformat	Steinhöhe	Lagerfugen-dicke	Schichtdicke	Anzahl der Schichten auf 25 cm Höhe	Anzahl der Schichten auf 1,00 m Höhe
DF	5,2	1,05	6,25	4	16
NF	7,1	1,23	8,33	3	12
2 – 6 DF Normalmörtel	11,3	1,2	12,5	2	8
4 – 6 DF Dünnbettmörtel	12,3	0,2	12,5	2	8
Blockformat Normalmörtel	23,8	1,2	25	1	4
Blockformat Dünnbettmörtel	24,8	0,2	25	1	4

Grundlage aller Mauerlängen ist die Zahl 12,5 cm = 1 Achtelmeter = 1 Kopf.

Der Achtelmeter/Kopf setzt sich zusammen aus der Steinbreite und der Stoßfuge.

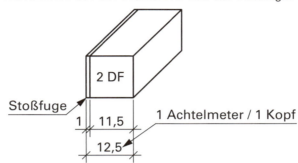

Alle Längen ergeben sich als Vielfache von 12,5 cm.

Binderschicht

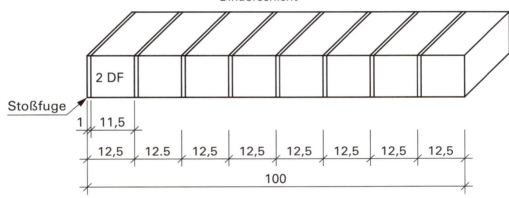

Läuferschicht

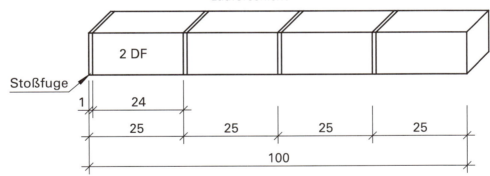

Daraus ergeben sich folgende mögliche Mauerlängen:

1 Kopf = ...12,5.... cm	2 Köpfe = ...25..... cm	3 Köpfe = ...37,5.... cm
4 Köpfe = ...50...... cm	5 Köpfe = ...62,5.... cm	6 Köpfe = ...75..... cm
7 Köpfe = ...87,5.... cm	8 Köpfe = ...1,00.... m	
10 Köpfe = ...1,25.... m	15 Köpfe = ...1,875.... m	20 Köpfe = ...2,50.... m

Formelblatt
Maßordnung – drei Fälle der Mauerlängen

Man unterscheidet drei Fälle von Mauerlängen.

1) **Anbaumaß**

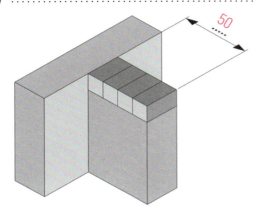

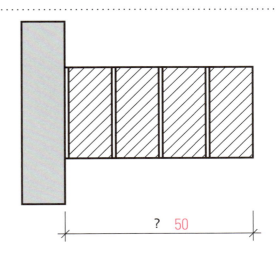

? 50

$$L = 4 \cdot 12{,}5 = 50 \text{ cm}$$

2) **Pfeilermaß**

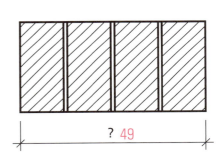

? 49

$$L = 4 \cdot 12{,}5 - 1 = 49 \text{ cm}$$

3) **Öffnungsmaß**

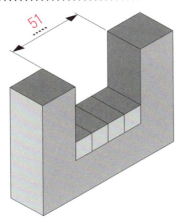

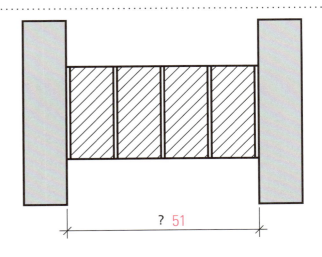

? 51

$$L = 4 \cdot 12{,}5 + 1 = 51 \text{ cm}$$

Formelblatt
Maßordnung – Kopfmaßtabelle

Alle Maße sind in cm angegeben!

Köpfe/ Achtelmeter	Anbaumaß	Pfeilermaß	Öffnungsmaß
0,5	6,25	5,25	7,25
1	12,5	11,5	13,5
1,5	18,75	17,75 X_1	19,75
2	25	24	26
2,5	31,25	30,25 X_1	32,25
3	37,5	36,5	38,5
3,5	43,75	42,75 X_1	44,75
4	50	49	51
4,5	56,25	55,25	57,25
5	62,5	61,5	63,5
5,5	68,75	67,75	69,75
6	75	74	76
6,5	81,25	80,25	82,75
7	87,5	86,5	88,5
7,5	93,75	92,75	94,75
8	100	99	101

Ab 1,00 m Länge wiederholen sich die Maße!

X_1: Beachten Sie:
Die Wanddicken 17,5 cm, 30 cm, 42,5 cm weichen jeweils um 2,5 mm
von dem zugehörigen Pfeilermaß ab.

Tragen Sie in die Zeichnungen ein, ob die Maße Pfeilermaße, Anbaumaße oder Öffnungsmaße sind.

Tragen Sie die Abkürzungen P, A oder Ö ein.

1)

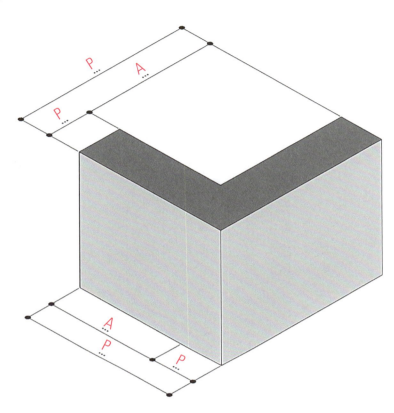

2)

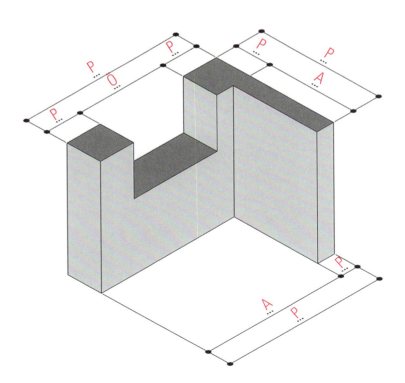

Tragen Sie in die Zeichnungen ein, ob die Maße Pfeilermaße, Anbaumaße oder Öffnungsmaße sind.

Tragen Sie die Abkürzungen P, A oder Ö ein.

3)

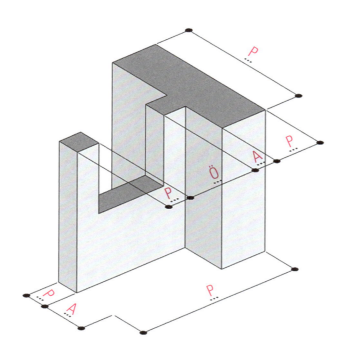

4)

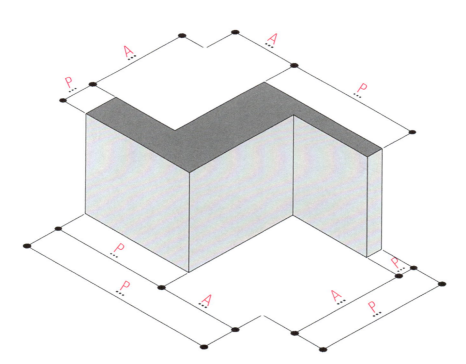

Tragen Sie in die Zeichnungen ein, ob die Maße Pfeilermaße, Anbaumaße oder Öffnungsmaße sind.

Tragen Sie die Abkürzungen P, A oder Ö ein.

1)

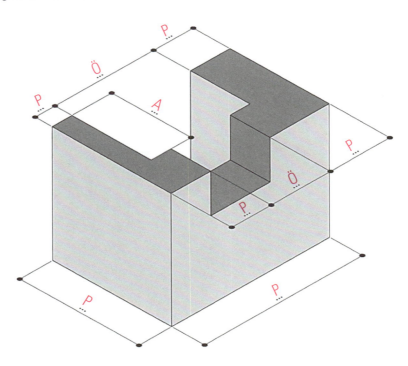

2)

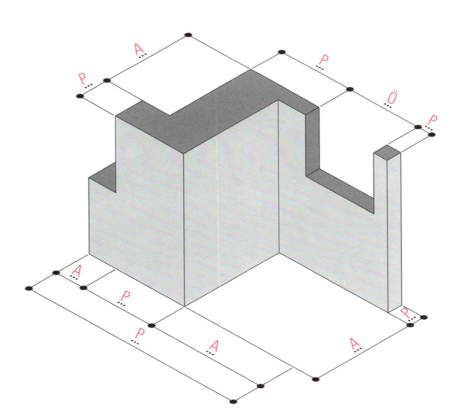

Maßordnung im Hochbau 2

Name:

Datum:

Klasse:

Fach:

Unterscheiden der drei Fälle der Mauerlängen

Tragen Sie in die Zeichnungen ein, ob die Maße Pfeilermaße, Anbaumaße oder Öffnungsmaße sind.

Tragen Sie die Abkürzungen P, A oder Ö ein.

3)

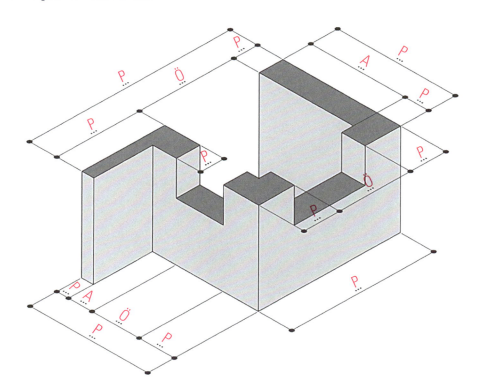

4)

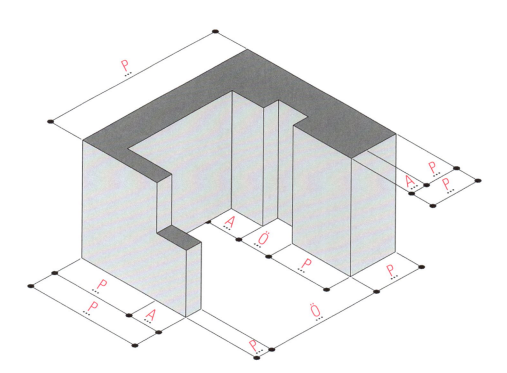

Name:

Klasse:

Datum:

Fach:

Dargestellt sind Mauerstücke in der Draufsicht. In den Zeichnungen sind die Kopfzahlen (Achtelmeter) eingetragen.

Tragen Sie unter den Kopfzahlen die wirklichen Maße ein. Berücksichtigen Sie dabei die drei Fälle der Mauerlängen: Pfeilermaß, Anbaumaß und Öffnungsmaß.

1)

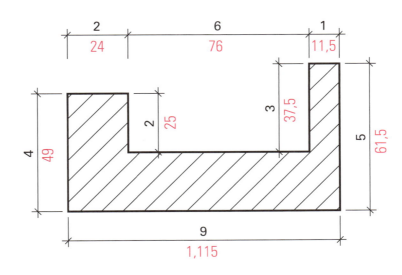

2)

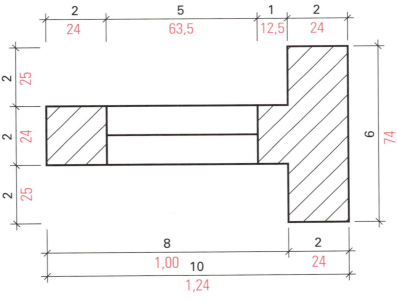

3)

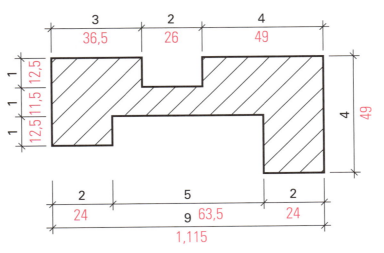

Maßordnung im Hochbau 3
Mauerlängen von Mauerstücken

Name:

Klasse:

Datum:

Fach:

Dargestellt sind Mauerstücke in der Draufsicht. In den Zeichnungen sind die Kopfzahlen (Achtelmeter) eingetragen.

Tragen Sie unter den Kopfzahlen die wirklichen Maße ein. Berücksichtigen Sie dabei die 3 Fälle der Mauerlängen: Pfeilermaß, Anbaumaß und Öffnungsmaß.

4)

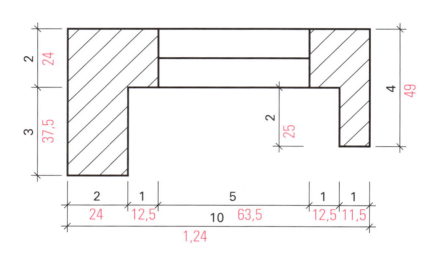

5)

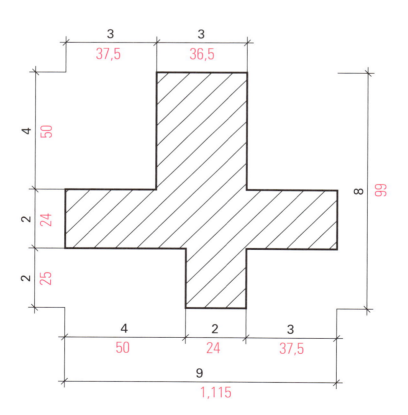

In den Zeichnungen sind die Kopfzahlen (Achtelmeter) eingetragen.

Tragen Sie neben den Kopfzahlen die wirklichen Maße ein. Berücksichtigen Sie dabei die drei Fälle der Mauerlängen: Pfeilermaß, Anbaumaß und Öffnungsmaß.

1)

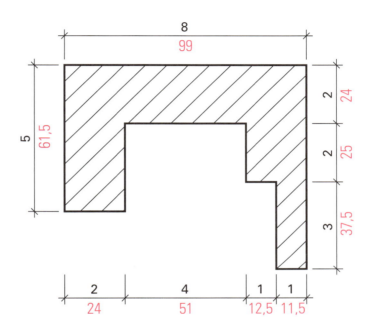

2)

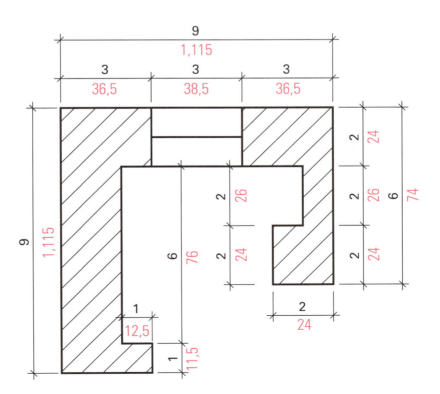

Maßordnung im Hochbau 4
Mauerlängen von Mauerstücken

Name:

Klasse:

Datum:

Fach:

In den Zeichnungen sind die Kopfzahlen (Achtelmeter) eingetragen.

Tragen Sie neben den Kopfzahlen die wirklichen Maße ein. Berücksichtigen Sie dabei die drei Fälle der Mauerlängen: Pfeilermaß, Anbaumaß und Öffnungsmaß.

3)

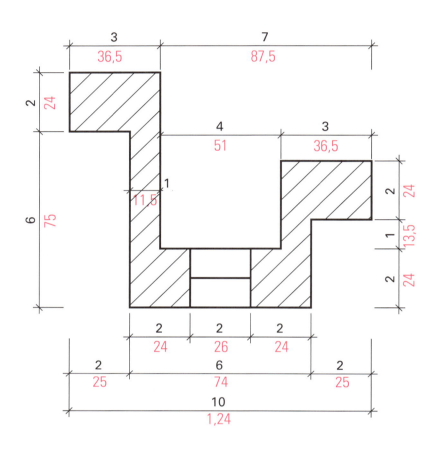

4)

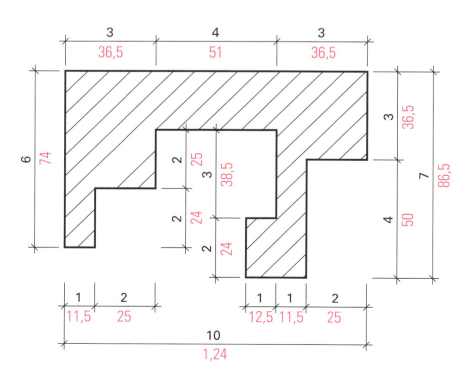

Maßordnung im Hochbau 5

Mauerlängen in Grundrissen

Name:

Klasse:

Datum:

Fach:

In den Zeichnungen sind die Kopfzahlen (Achtelmeter) eingetragen.

Tragen Sie unter den Kopfzahlen die wirklichen Maße ein. Berücksichtigen Sie dabei die drei Fälle der Mauerlängen: Pfeilermaß, Anbaumaß und Öffnungsmaß.

1)

2)

3)

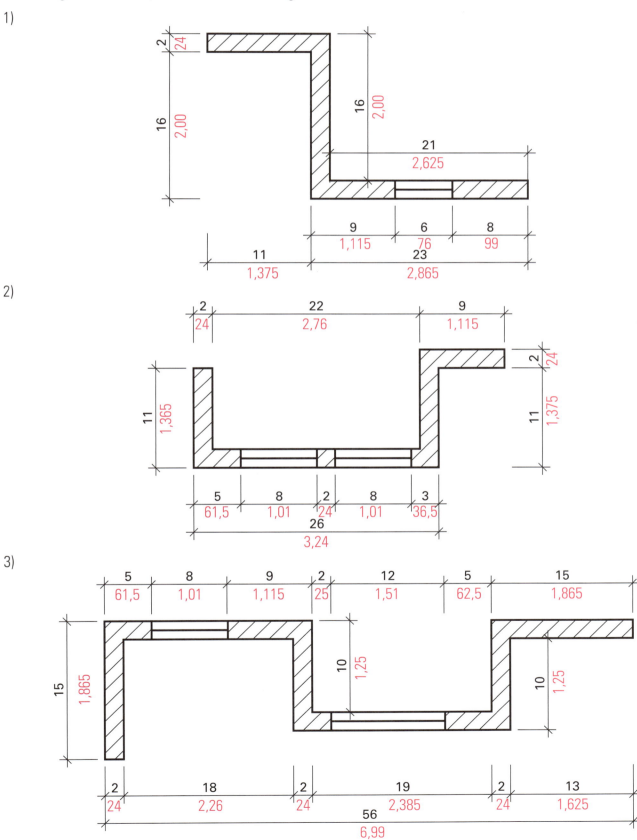

79

Maßordnung im Hochbau 5
Mauerlängen in Grundrissen

Name:

Klasse:

Datum:

Fach:

In den Zeichnungen sind die Kopfzahlen (Achtelmeter) eingetragen.

Tragen Sie neben den Kopfzahlen die wirklichen Maße ein. Berücksichtigen Sie dabei die drei Fälle der Mauerlängen: Pfeilermaß, Anbaumaß und Öffnungsmaß.

4)

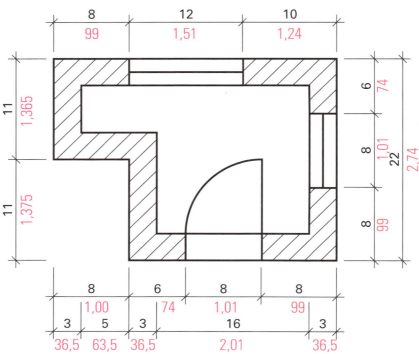

5)

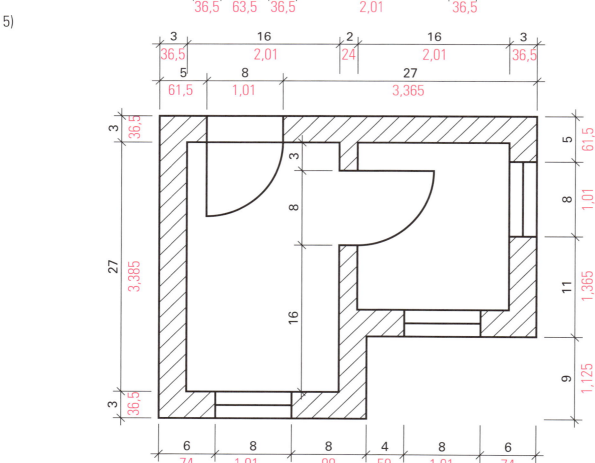

Name:

Klasse:

Datum:

Fach:

Die Grundrisse der Garagen sind mit Kopfzahlen (Achtelmetern) bemaßt.

Berechnen Sie die Mauerlängen und tragen Sie die Längen unter die Kopfzahlen in die Zeichnung ein.

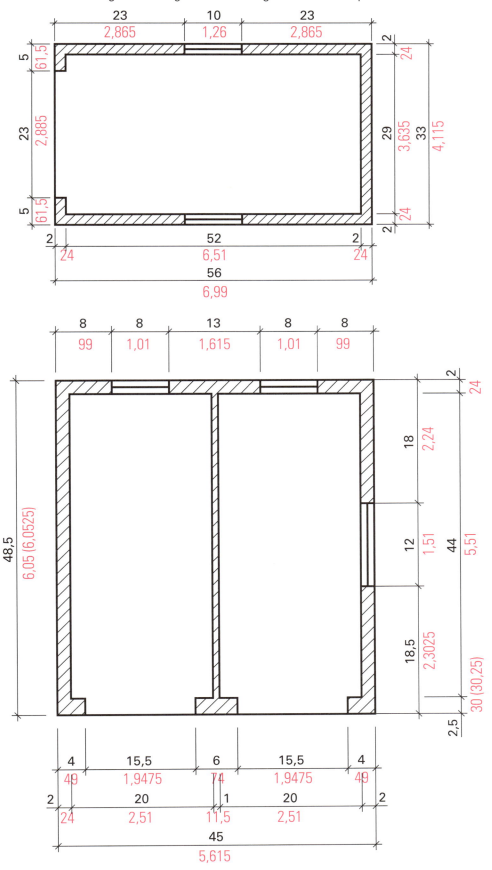

Maßordnung im Hochbau 6

Mauerlängen in Grundrissen

Name:

Klasse:

Datum:

Fach:

Der Grundriss eines Gebäudes ist mit Kopfzahlen (Achtelmetern) bemaßt.

Berechnen Sie die Mauerlängen und tragen Sie die Längen unter die Kopfzahlen in die Zeichnung ein.

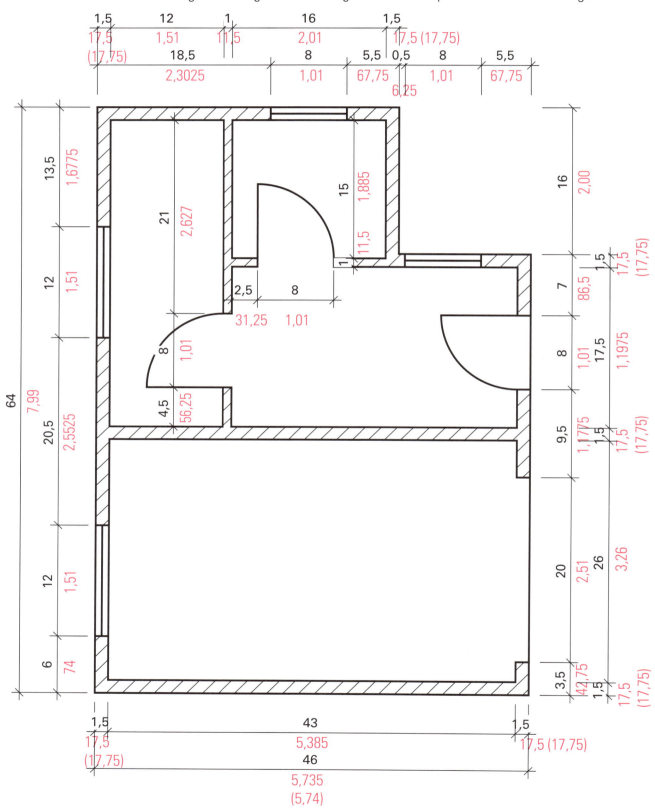

Die dargestellte Garage mit Abstellraum soll geplant werden.
Die Außenmaße sind 7,99/3,99 m, die Wanddicken sind außen 24 cm und innen 11,5 cm.

Alle anderen Maße sind von Ihnen selbst zu planen. Beachten Sie dabei die Maßordnung im Mauerwerksbau.

Tragen Sie alle Maße in den vorbereiteten Grundriss ein.

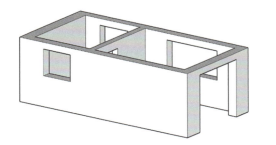
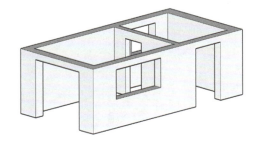

Lösungsvorschlag

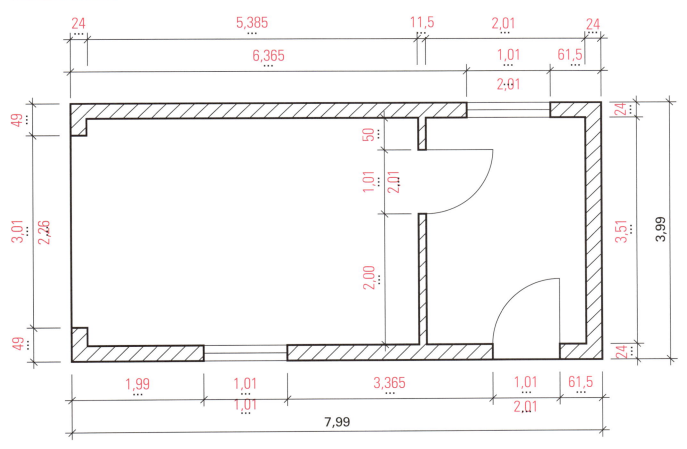

Maßordnung im Hochbau 7

Planung nach Maßordnung

Name:

Klasse:

Datum:

Fach:

Das dargestellte Wohngebäude soll geplant werden.

Alle fehlenden Maße sind von Ihnen selbst zu planen.

Beachten Sie dabei die Maßordnung im Hochbau.

 Tragen Sie alle Maße in den vorbereiteten Grundriss ein.

Lösungsvorschlag

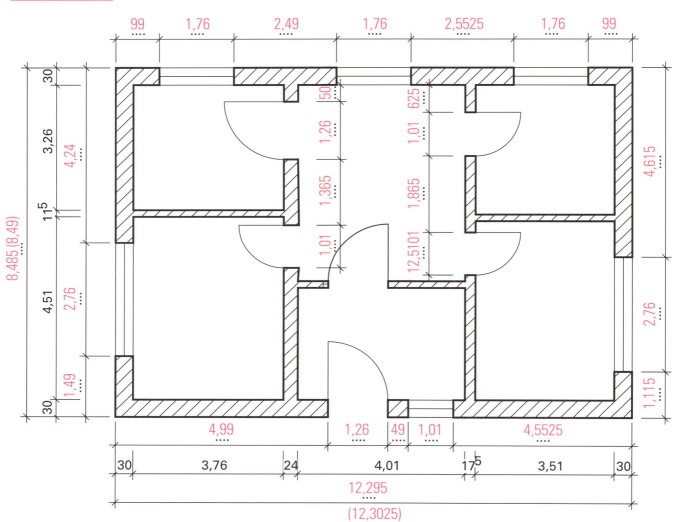

Name:

Klasse:

Maßordnung im Hochbau 8

Berechnung der Mauerhöhen

Datum:

Fach:

 Tragen Sie die Maße in die Tabelle ein (Maße in cm)

	DF	NF	2 – 6 DF	Blockformat
Höhe einer Schicht	6,25	8,33	12,5	25
Anzahl der Schichten auf 25 cm Höhe	4	3	2	1
Anzahl der Schichten auf 1,00 m Höhe	16	12	8	4

Berechnen Sie die Mauerhöhen und tragen Sie die Maße in die Zeichnung ein.

Mauerhöhe = Schichthöhe .... **x** Schichtenzahl ....

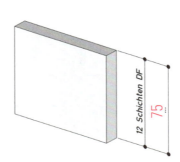

Berechnen Sie die Schichtenzahl und tragen Sie die Zahl in die Zeichnung ein.

Schichtenzahl = $\dfrac{\text{Mauerhöhe}}{\text{Schichthöhe}}$

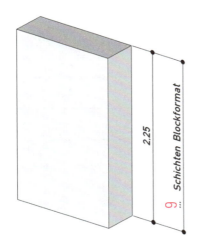

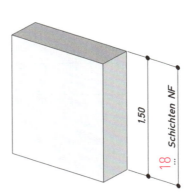

Name:

Klasse:

Maßordnung im Hochbau 8

Berechnung der Mauerhöhen

Datum:

Fach:

1) Wie hoch sind die Mauern? (Maße in m)

Anzahl der Schichten	Wandhöhe
20 Schichten NF	1,666 m
25 Schichten DF	1,5625 m
12 Schichten 8 DF Block	3,00 m
17 Schichten 4 DF	2,125 m
28 Schichten DF	1,75 m
9 Schichten 16 DF Block	2,25 m
16 Schichten 2 DF	2,00 m
36 Schichten NF	3,00 m
24 Schichten 3 DF	3,00 m
7 Schichten 14 DF Block	1,75 m

2) Aus wie vielen Schichten werden die Wände gemauert?

Wandhöhe	Anzahl der Schichten
Wandhöhe 2,25 m mit 3 DF	18
Wandhöhe 3,75 m mit 20 DF	15
Wandhöhe 1,125 m mit DF	18
Wandhöhe 2,50 m mit NF	30
Wandhöhe 3,25 m mit 6 DF	26
Wandhöhe 2,125 m mit 2 DF	17
Wandhöhe 4,50 m mit 12 DF	18
Wandhöhe 1,75 m mit NF	21
Wandhöhe 2,75 m mit 8 DF Bauplatte	11
Wandhöhe 0,75 m mit DF	12

Formelblatt
Tabelle Stein- und Mörtelbedarf

Stein- und Mörtelbedarf der wichtigsten Steinformate								
Die Zahlen sind Mittelwerte aus Angaben verschiedener Steinhersteller und können im Einzelfall abweichen.								
Klein- und mittelformatige Steine mit Normalmörtel in Stoß- und Lagerfugen, bis 11,3 cm Steinhöhe								
Steinformat	Wanddicke	L	B	H	Steine je m²	Mörtel/ Kleber je m²	Steine je m³	Mörtel/ Kleber je m³
DF	11,5	24	11,5	5,2	64	26	-	-
NF	11,5	24	11,5	7,1	48	24	-	-
NF	24	24	11,5	7,1	96	57	410	260
NF	36,5	24	11,5	7,1	144	90	400	265
2 DF	11,5	24	11,5	11,3	32	17	-	-
2 DF	24	24	11,5	11,3	64	44	270	198
2 DF	36,5	24	11,5	11,3	96	75	265	210
2 + 3 DF	30	-	-	-	32 + 32	56	107 + 107	190
3 DF	17,5	24	17,5	11,3	32	26	185	150
3 DF	24	24	17,5	11,3	44	45	189	190
4 DF	24	24	24	11,3	32	36	132	155
5 DF	30	24	30	11,3	32	44	107	155
6 DF	36,5	24	36,6	11,3	32	62	90	180
Plansteine mit Dünnbettmörtelverlegung, Nut und Feder in der Stoßfuge, Steinhöhe 12,3 cm								
4 DF	24	24,8	24	12,3	32	2,8	132	11
5 DF	30	24,8	30	12,3	32	3,6	107	11
6 DF	36,5	24,8	36,6	12,3	32	4,4	90	11
Steine mit Normalmörtel in der Lagerfuge, Nut und Feder in der Stoßfuge, Steinhöhe 23,8 cm								
8 DF Bauplatte	11,5	49,8	11,5	23,8	8	10	-	-
8 DF	24	24,8	24	23,8	16	15	66	64
10 DF	30	24,8	30	23,8	16	19	54	64
12 DF	36,5	24,8	36,5	23,8	16	24	44	64
12 DF	17,5	49,8	17,5	23,8	8	12	44	64
16 DF	24	49,8	24	23,8	8	15	33	64
20 DF	30	49,8	30	23,8	8	19	27	64
Plansteine mit Dünnbettmörtelverlegung, Nut und Feder in der Stoßfuge, Steinhöhe 24,8 cm								
8 DF Bauplatte	11,5	49,8	11,5	24,8	8	1,3	-	-
8 DF	24	24,8	24	24,8	16	2,8	66	11
10 DF	30	24,8,	30	24,8	16	3,6	54	11
12 DF	36,5	24,8	36,5	24,8	16	4,4	44	11
12 DF	17,5	49,8	17,5	24,8	8	2	44	11
14 DF	42,5	24,8	42,5	24,8	16	5,2	38	11
16 DF	24	49,8	24	24,8	8	2,8	33	11
20 DF	30	49,8	30	24,8	8	3,6	27	11

Formelblatt
Mörtelmischungen

Mauermörtelgruppen und Mischungsverhältnisse für Normalmörtel

Mörtel-gruppe	Mörtelart	Weißkalk-hydrat	Hydraulischer Kalk – HL 5 PM-Binder MC5	Zement	Sand	Festigkeit	Mörtelklasse
MG I	Kalkmörtel	1	-	-	3	Nur für nicht belastete Wände	M1
		-	1	-	4,5		
MG II	Kalkzementmörtel	2	-	1	8	2,5 N/mm^2	M2,5
		-	1	-	3		
MG IIa	Kalkzementmörtel	1	-	1	6	5 N/mm^2	M5
		-	2	1	8		
MG III	Zementmörtel	-	-	1	4	10 N/mm^2	M10
MG IIIa	Zementmörtel (bei Verwendung spezieller Sande)					20 N/mm^2	M20

Sackgewichte + Sackinhalte		
Bindemittel	Sackinhalt in kg	Sackinhalt in Liter
Weißkalkhydrat (Luftkalk)	25	50
Hydraulischer Kalk HL 5	25	25
Putz- und Mauerbinder MC	25	25
Zement	25	21
Fertigmörtel – Sackware	Sackinhalt in kg	Ergiebigkeit in Liter
Putz- und Mauermörtel alle Mörtelgruppen und Festigkeiten	40 30 25	26 20 16
Leichtmauermörtel LM 21 – M5	25	38
Dünnbettmörtel – M10	25	20
Gipsputzmörtel	30	35

Mörtelmischungsberechnung	
Verwendung von selbst gemischtem Mörtel Normalmörtel	**Verwendung von Fertigmörtel (Sackware) Normalmörtel und Dünnbettmörtel**

Verwendung von selbst gemischtem Mörtel Normalmörtel

Zunächst muss der Mörtelbedarf für das Mauerwerk berechnet werden. **Maßeinheit ist Liter (L).**

1) Die lose Masse (Bindemittel und Sand) errechnen:
   lose Masse in L = Mörtelbedarf in L x Mörtelfaktor 1,6

2) Anteile von Bindemittel und Sand errechnen:

   Beispiele: **Mischungsverhältnis 1:4 = 1 + 4 = 5 Anteile**
   Mischungsverhältnis 2:1:8 = 2 + 1 + 8 = 11 Anteile

3) Einen Anteil berechnen: $\textbf{1 Anteil in L} = \dfrac{\textbf{lose Masse in L}}{\textbf{Anteile}}$

4) Menge Bindemittel und Sand berechnen:
   Bindemittelmenge in L = 1 Anteil x Anteile Bindemittel
   Sandmenge in L = 1 Anteil x Anteile Sand

5) Sackanzahl Bindemittel berechnen:

   $\textbf{Sackanzahl} = \dfrac{\textbf{Bindemittelmenge in L}}{\textbf{Sackinhalt in L}}$

6) Sandmenge in t berechnen (zur Angabe beim Baustoffhändler)
   Sandmenge in t = Sandmenge in m^3 x 1,8 t/m^3

Verwendung von Fertigmörtel (Sackware) Normalmörtel und Dünnbettmörtel

Zunächst muss der Mörtelbedarf für das Mauerwerk berechnet werden.

Maßeinheit ist Liter (L).

Anzahl der Säcke ermitteln

$\textbf{Anzahl der Säcke} = \dfrac{\textbf{Mörtelbedarf in L}}{\textbf{Ergiebigkeit je Sack in L}}$

Stein- und Mörtelbedarf 1

Anwenden der Formelblätter

Name:

Klasse:

Datum:

Fach:

Entnehmen Sie aus dem Tabellenblatt die Werte und berechnen Sie den Stein- und Mörtelbedarf.

 Tragen Sie alle Werte in die Tabelle ein.

Menge Mauerwerk	Steinformat	Wanddicke	Tabellenwert Steine je m²/m³	Tabellenwert Mörtel in L je m²/m³	Anzahl der Steine	Mörtel in L
4,68 m³	NF	24 cm	410	260	1919	1217
54,32 m²	Bauplatte 8 DF N + F	11,5 cm	8	10	435	544
23,50 m²	3 DF	17,5 cm	32	26	752	611
34,76 m³	2 + 3 DF	30 cm	107	190	3720	6605
			107		3720	
16,85 m³	16 DF Block N + F	24 cm	33	64	557	1079
26,75 m³	12 DF P N + F	36,5 cm	44	11	1177	295
20,55 m²	5 DF	30 cm	32	44	678	905
8,56 m²	Bauplatte P 8 DF N + F	11,5 cm	8	1,3	69	12
175,50 m³	14 DF Block P N + F	42,5 cm	38	11	6669	1931
122,40 m²	DF	11,5 cm	64	26	7834	3183
290 m²	12 DF Block N + F	17,5 cm	8	12	2320	3480
19,85 m³	4 DF	24 cm	132	155	2621	3077
95,24 m³	10 DF Block P N + F	30 cm	54	11	5143	1048

Berechnen Sie für folgende selbst gemischte Mörtelmengen die Anzahl der Säcke Bindemittel und den Sandbedarf in Liter und t.

 Tragen Sie die Werte in die Tabelle ein.

Mörtelmenge	Mörtelart	Anzahl der Säcke Bindemittel				Liter Sand	Sand in t
828 L	MG I		7			994	1,79
1466 L	MG III		23			1877	3,38
3520 L	MG II mit HL 5		57			4224	7,6
2875 L	MG II a mit HL 5	HL5	34	Z	20	3346	6,02
1944 L	MG II mit Kalk u. Zement	K	12	Z	14	2163	4,07
360 L	MG III		6			461	0,83

Berechnen Sie für folgende Mörtelmengen die benötigte Anzahl der Säcke Fertigmörtel.

 Tragen Sie die Werte in die Tabelle ein.

Mörtelmenge	Mörtelart	Anzahl der Säcke Fertigmörtel
1235 L	MG III Normalmörtel Sackware 40 kg	48
210 L	Dünnbettmörtel	11
336 L	MG II Normalmörtel Sackware 30 kg	17
2200 L	Leichtmauermörtel	58
1260 L	Gipsputzmörtel	36
458 L	Dünnbettmörtel	23
240 L	MG IIa Normalmörtel Sackware 25 kg	15

Folgende Regeln sollen gelten:

1) Die Menge des Mauerwerks wird je nach Aufgabe in m^2 oder m^3 gerechnet.

2) Das Abtrennen der Wände erfolgt nach folgenden Regeln:

   – Bei gleichen Steinen und Wanddicken wird beliebig abgetrennt.
   – Bei verschiedenen Wanddicken geht die dickere Wand durch.
   – Bei verschiedenen Steinarten und Wanddicken werden die Wände nach Wanddicke und Steinart abgetrennt und sortiert.

3) Die Wände, Fenster, Türen und Stürze werden nummeriert.

4) Die Rechnung beginnt immer mit der dicksten Wand.

5) Alle Öffnungen werden abgezogen.

6) Stürze oder Balken aus Ortbeton werden abgezogen.

7) Fertigstürze werden nicht abgezogen.

Bemerkung: Für die Berechnung des Stein- und Mörtelbedarfs sind die Vorgaben der VOB nicht sinnvoll und werden daher nicht angewendet!

Beispiel:

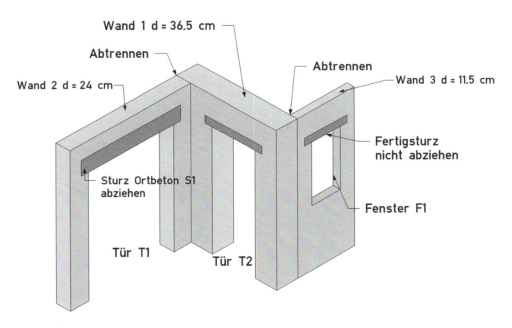

Zu berechnen sind die Bauteile:

- Wände: W1 d = 36,5 cm, W2 d = 24 cm, W3 d = 11,5 cm
- Öffnungen: F1, T1, T2
- Sturz Ortbeton S1

Stein- und Mörtelbedarf 2
Regeln zur Berechnung

Name:

Klasse:

Datum:

Fach:

Trennen Sie die Wände entsprechend der Regeln ab und nummerieren Sie die Bauteile.

1)

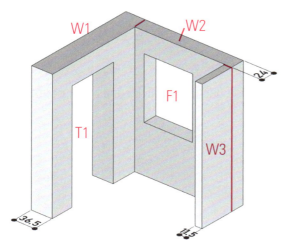

Zu berechnen sind die Bauteile:

Wände: .... W1, W2, W3 ....

Öffnungen: .... T1, F1 ....

Stürze: .... —— ....

2)

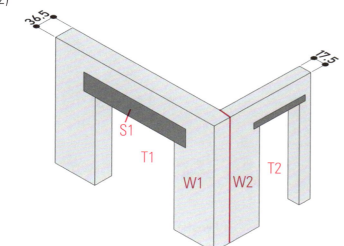

Zu berechnen sind die Bauteile:

Wände: .... W1, W2 ....

Öffnungen: .... T1, T2 ....

Stürze: .... S1 ....

3)

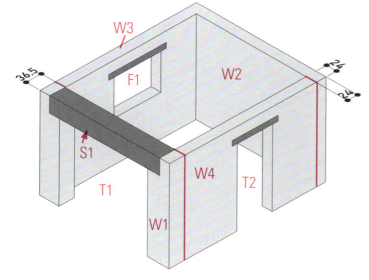

Zu berechnen sind die Bauteile:

Wände: .... W1, W2, W3, W4 ....

Öffungen: .... T1, T2, F1 ....

Stürze: .... S1 ....

Stein- und Mörtelbedarf 3
Berechnung mit Tabelle

Beispiel 1

Berechnen Sie den Stein- und Mörtelbedarf des Mauerstücks.
Steine: 17,5er Wand: 3 DF; Stein 36,5er Wand: 2 DF. Normalmörtel

Rechnen Sie in m^2.

Schritt 1: Abtrennen der Wände und Nummerieren der Bauteile

Zu berechnen sind die Bauteile:

Wände: ......W1, W2..............................

Öffnungen: ......T1, T2..........................

Stürze: ......S1................................

Schritt 2: Eintragen der Bauteile beginnend mit der dicksten Wand. Nur die grauen Felder verwenden.

Wand Pos.-Nr.	Wand-dicke cm	Steinart/ Format	Abzüge Fenster, Türen, Stahlbeton-teile	L	B	H	Menge m^2/m^3	Steine je m^2/m^3 Tabelle	Liter Mörtel je m^2/m^3 Tabelle	Anzahl Steine	Menge Mörtel in Liter
W1	36,5	2 DF		3,49		2,875	10,03				
			– T1	1,76		2,135	–3,76				
			– S1	2,26		0,375	–0,85			2 DF	
						Ergebnis 36,5	5,42	96	75	521	407
W2	17,5	3 DF		1,75		2,875	5,03				
			– T2	0,885		2,385	–2,11			3 DF	
						Ergebnis 17,5	2,919	32	26	94	76
									Mörtel gesamt		483

Stein- und Mörtelbedarf 3
Berechnung mit Tabelle

Beispiel 2

Berechnen Sie den Stein und Mörtelbedarf des Mauerstücks.
Steine: 36,5er Wand: 6 DF; Stein 24er Wand: 4 DF. Normalmörtel

Rechnen Sie in m^2.

Schritt 1: Abtrennen der Wände und Nummerieren der Bauteile

Zu berechnen sind die Bauteile:

Wände: W1, W2, W3, W4

Öffungen: T1, T2, F1

Stütze: S1

Schritt 2: Eintragen der Bauteile beginnend mit der dicksten Wand. Nur die grauen Felder verwenden.

Wand Pos.-Nr.	Wand-dicke cm	Steinart/ Format	Abzüge Fenster, Türen, Stahlbeton-teile	L	B	H	Menge m^2/m^3	Steine je m^2/m^3 Tabelle	Liter Mörtel je m^2/m^3 Tabelle	Anzahl Steine	Menge Mörtel in Liter
W1	36,5	6 DF		3,115		2,375	7,398				
			- T1	2,135		2,01	−4,291				
			- S1	2,635		0,365	−9962			6 DF	
							2,145	32	62	69	133
W2	24	4 DF		3,135		2,375	7,446				
			- T1	0,885		2,01	−1,779				
							5,667	32	36	182	241
W3	24	4 DF		3,135		2,375	7,446				
			- F1	1,26		0,885	−1115				
							6,331	32	36	203	228
W4	24	4 DF		3,115		2,375	7,398	32	36	237	267
										622	869

4 DF

Name:

Klasse:

Stein- und Mörtelbedarf 4

Wände und Öffnungen

Datum:

Fach:

Wand 1: Berechnen Sie den Stein- und Mörtelbedarf mit Hilfe der Tabelle. Steine: NF

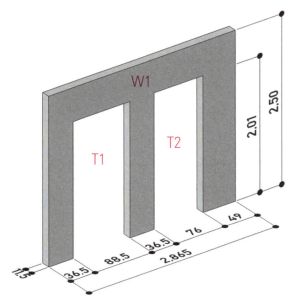

Lösung:

Benötigtes Material:

Steine NF .... 186 Stück

Mörtel .... 93 Liter

Verwenden Sie nur die grauen Felder!
Rechnen Sie in m²!

Wand Pos.-Nr.	Wand-dicke cm	Steinart/ Format	Abzüge Fenster, Türen, Stahlbeton-teile	L	B	H	Menge m²/m³	Steine je m²/m³ Tabelle	Mörtel je m²/m³ Tabelle	Anzahl Steine	Menge Mörtel in Liter
W1	11,5	NF		2,865		2,50	7,163				
			−T1	0,885		2,01	−1,779				
			−T2	0,76		2,01	−1,528				
							3,856	48	24	186	93

Stein- und Mörtelbedarf 4
Wände und Öffnungen

Name:

Klasse:

Datum:

Fach:

Wand 2: Berechnen Sie den Stein- und Mörtelbedarf mit Hilfe der Tabelle. Steine: 2 DF

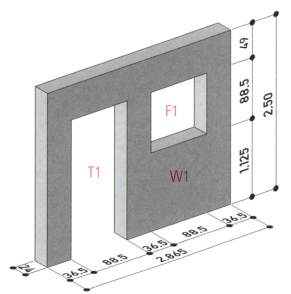

Lösung:

Benötigtes Material:

Steine 2 DF .... 295 .... Stück

Mörtel .... 203 .... Liter

Verwenden Sie nur die grauen Felder!
Rechnen Sie in m²!

Wand Pos.-Nr.	Wand-dicke cm	Steinart/ Format	Abzüge Fenster, Türen, Stahlbeton-teile	L	B	H	Menge m²/m³	Steine je m²/m³ Tabelle	Mörtel je m²/m³ Tabelle	Anzahl Steine	Menge Mörtel in Liter
W1	24	2 DF		2,865		2,50	7,163				
			−T1	0,885		2,01	−1,779				
			−F1	0,885		0,885	−0,783				
							4,601	64	44	295	203

Stein- und Mörtelbedarf 5

Wandecken

Name:

Klasse:

Datum:

Fach:

Wandecke 1: Berechnen Sie den Stein- und Mörtelbedarf mit Hilfe der Tabelle. Steine: 2 DF
Türen 1,01/2,01m, Fenster 88,5/88,5

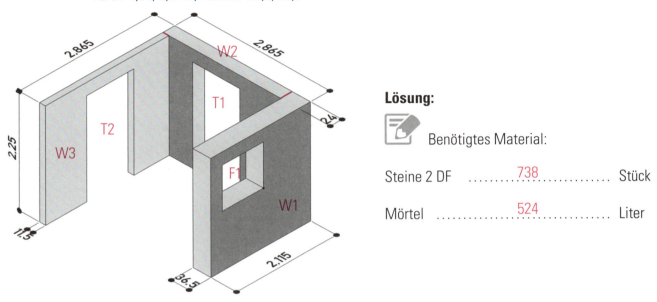

Lösung:

Benötigtes Material:

Steine 2 DF .... 738 .... Stück

Mörtel .... 524 .... Liter

Verwenden Sie nur die grauen Felder!
Rechnen Sie in m²!

Wand Pos.-Nr.	Wand-dicke cm	Steinart/Format	Abzüge Fenster, Türen, Stahlbeton-teile	L	B	H	Menge m²/m³	Steine je m²/m³ Tabelle	Mörtel je m²/m³ Tabelle	Anzahl Steine	Menge Mörtel in Liter
W1	36,5	2 DF		2,115		2,25	4,759				
			−F1	0,885		0,885	−0,783				
							3,976	96	75	382	299
W2	24	2 DF		2,50		2,25	5,625				
			−T1	1,01		2,01	−2,03				
							3,595	64	44	231	159
W3	11,5	2 DF		2,625		2,25	5,906				
			−T2	1,01		2,01	−2,03				
							3,876	32	17	125	66
										738	524

Stein- und Mörtelbedarf 5
Wandecken

Name:

Klasse:

Datum:

Fach:

Wandecke 2: Berechnen Sie den Stein- und Mörtelbedarf mit Hilfe der Tabelle.

36,5er-Wand: 6 DF Normalmörtel (NM)

24er-Wand: 4 DF NM

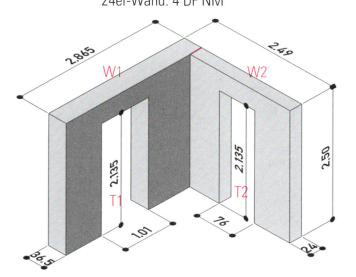

Lösung:

Benötigtes Material:

Steine 6 DF .... 165 .... Stück

Steine 4 DF .... 117 .... Stück

Mörtel .... 467 .... Liter

Verwenden Sie nur die grauen Felder!
Rechnen Sie in m³!

Wand Pos.-Nr.	Wand-dicke cm	Steinart/ Format	Abzüge Fenster, Türen, Stahlbeton-teile	L	B	H	Menge m²/m³	Steine je m²/m³ Tabelle	Mörtel je m²/m³ Tabelle	Anzahl Steine	Menge Mörtel in Liter
W1	36,5	6 DF		2,865	0,365	2,50	2,614				
			−T1	1,01	0,365	2,135	−0,787			6 DF	
							1,827	90	180	165	329
W2	24	4 DF		2,125	0,24	2,50	1,275				
			−T2	0,76	0,24	2,135	−0,389			4 DF	
							0,886	132	155	117	138
											467

Stein- und Mörtelbedarf 6
Gartenhäuser

Gartenhaus 1: Berechnen Sie den Stein- und Mörtelbedarf mit Hilfe der Tabelle.
Alle Wände 24 cm
Steine: 16 DF Block P, N + F

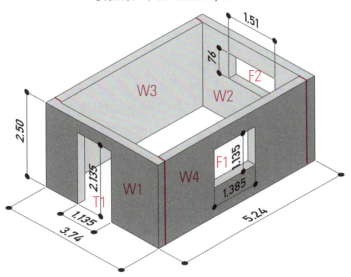

Lösung:

Benötigtes Material:

Steine 16 DF .... 297 ..... Stück

DB-Mörtel .... 101 ..... Liter

Rechnen Sie in m³!

Wand Pos.-Nr.	Wand-dicke cm	Steinart/ Format	Abzüge Fenster, Türen, Stahlbeton-teile	L	B	H	Menge m²/m³	Steine je m²/m³ Tabelle	Mörtel je m²/m³ Tabelle	Anzahl Steine	Menge Mörtel in Liter
W1	24	16 DF		3,74	0,24	2,50	2,244				
			–T1	1,135	0,24	2,135	–0,582				
							1,662	33	11	55	19
W2	24	16 DF		3,74	0,24	2,50	2,244				
			–F2	1,51	0,24	0,76	–0,275				
							1,969	33	11	65	22
W3	24	16 DF		4,76	0,24	2,50	2,856	33	11	95	32
W4	24	16 DF		4,76	0,24	2,50	2,856				
			–F1	1,385	0,24	1,135	–0,377				
							2,479	33	11	82	28
										297	101

Name:

Klasse:

Stein- und Mörtelbedarf 6
Gartenhäuser

Datum:

Fach:

Gartenhaus 2: Berechnen Sie den Stein- und Mörtelbedarf mit Hilfe der Tabelle.

17,5er-Außenwände: 12 DF P, N + F

11,5er-Wand: 8 DF Bauplatte P, N + F

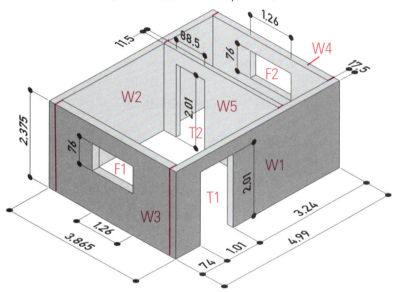

Lösung:

Benötigtes Material:

Steine 12 DF ....292.............. Stück

Steine 8 DF ....53............... Stück

DB-Mörtel ....82............... Liter

Rechnen Sie in m²!

Wand Pos.- Nr.	Wand- dicke cm	Steinart/ Format	Abzüge Fenster, Türen, Stahlbeton- teile	L	B	H	Menge m²/m³	Steine je m²/m³ Tabelle	Mörtel je m²/m³ Tabelle	Anzahl Steine	Menge Mörtel in Liter
W1	17,5	12 DF		4,99	–	2,375	11,851				
			–T1	1,01	–	2,01	–2,03				
							+9,821				
W2	17,5	12 DF		4,99	–	2,375	+11,851				
W3	17,5	12 DF		3,515	–	2,375	8,348				
			–F1	1,26	–	0,76	–0,988				
							+7,390				
W4	17,5	12 DF		3,515	–	2,375	8,348				
			–F2	1,26	–	0,76	–0,988				
							+7,390			12 DF	
							36,454	8	2	292	73
W5	11,5	8 DF		3,515	–	2,375	8,348				
			– T2	0,885	–	2,01	–1,779			8 DF	
							6,569	8	1,3	53	9
											82

Name:

Klasse:

Datum:

Fach:

Garage 1: Berechnen Sie den Stein- und Mörtelbedarf sowie die Betonmengen mit Hilfe der Tabelle.

Maße:

Alle Wände sind 24 cm dick und mit KS-Steinen 8 DF mit DBM gemauert.

Fenster 1,01/1,01 m, Garagentor 2,76/2,135 m
Der Sturz über Garagentor liegt auf jeder Seite 20 cm auf und ist 36,5 cm hoch.

Dicke der Bodenplatte 18 cm

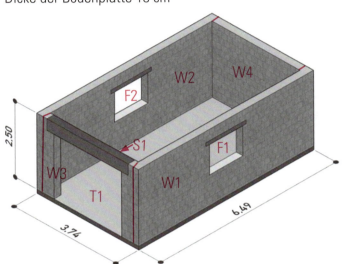

Lösung:

Benötigtes Material:

Steine 8 DF	635	Stück
DBM	112	Liter
Anzahl Säcke DBM	6	Stück
Beton für Sturz	0,277	m³
Beton für Bodenplatte	4,369	m³

Rechnen Sie in m²!

Wand Pos.-Nr.	Wand-dicke cm	Steinart/ Format	Abzüge Fenster, Türen, Stahlbeton-teile	L	B	H	Menge m²/m³	Steine je m²/m³ Tabelle	Mörtel je m²/m³ Tabelle	Anzahl Steine	Menge Mörtel in Liter
W1	24	8 DF		6,49	–	2,50	16,225				
			– F1	1,01	–	1,01	−1,02				
							+15,205				
W2	24	8 DF		6,49	–	2,50	16,221				
			−F2	1,01	–	1,01	−1,02				
							+15,205				
W3	24	8 DF		3,26	–	2,50	8,15				
			−T1	2,76	–	2,135	−5,893				
			−S1	3,16	–	0,365	−1,155				
							+1,104				
W4	24	8 DF		3,26	–	2,50	+8,15				
							39,664	16	2,8	635	112

Stein- und Mörtelbedarf 7
Garagen

Name:

Klasse:

Datum:

Fach:

Garage 2: Berechnen Sie den Stein- und Mörtelbedarf sowie die Betonmengen mit Hilfe der Tabelle.

Maße:

Alle Wände sind 17,5 cm dick, gemauert mit Hochlochziegeln 12 DF Normalmörtel MG II mit Hochhydraulischem Kalk HL5

Fenster 1,26/0,635 m mit Fertigstürzen, Garagentore 3,76/2,135 m

Der Sturz über den Garagentoren liegt jeweils 25 cm auf und ist 36,5 cm hoch. Die drei Mauerpfeiler sind 49 cm breit.

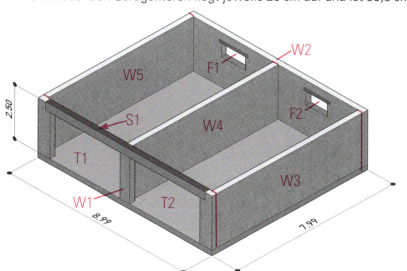

Lösung:

Benötigtes Material:

Steine 12 DF	........652........	Stück
Normalmörtel	........978........	Liter
Anzahl der Säcke HL5	16	
Sandmenge	........1174........	Liter
Sand in Tonnen	........2,11........	t
Beton für Sturz	........0,544........	m³

Rechnen Sie in m²!

Wand Pos.-Nr.	Wand-dicke cm	Steinart/ Format	Abzüge Fenster, Türen, Stahlbeton-teile	L	B	H	Menge m²/m³	Steine je m²/m³ Tabelle	Mörtel je m²/m³ Tabelle	Anzahl Steine	Menge Mörtel in Liter
W1	17,5	12 DF		8,99		2,50	22,477				
			–T1	3,76		2,135	–8,028				
			–T2	3,76		2,135	–8,028				
			–S1	8,51		0,361	–3,106				
							+3,315				
W2	17,5	12 DF		8,99		2,50	22,477				
			–F1	1,26		0,635	–0,800				
			–F2	1,26		0,635	–0,800				
							+20,877				
W3				7,64		2,50	+19,100				
W4				7,64		2,50	+19,100				
W5				7,64		2,50	+19,100				
							81,492	8	12	652	978

Formelblatt
Maßumwandlungen

Länge: von Stufe zu Stufe Umrechnungszahl 10
Kommaverschiebung 1 Stelle

Fläche: von Stufe zu Stufe Umrechnungszahl 100
Kommaverschiebung 2 Stellen

Volumen: von Stufe zu Stufe Umrechnungszahl 1000
Kommaverschiebung 3 Stellen

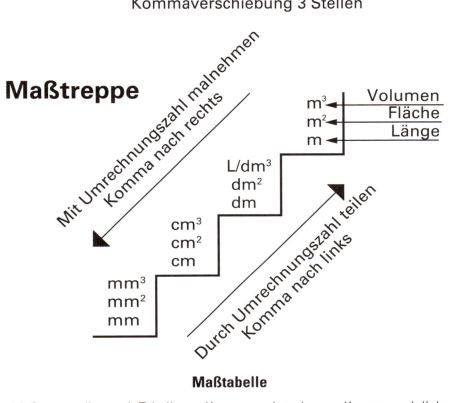

Maßtabelle

Maßumwandlung mit Tabelle: → Komma nach rechts, ← Komma nach links
Die Zahlen sind die Kommastellen.

Längen	nach m	nach dm	nach cm	nach mm
von m	-	1 →	2 →	3 →
von dm	1 ←	-	1 →	2 →
von cm	2 ←	1 ←	-	1 →
von mm	3 ←	2 ←	1 ←	-

Flächen	nach m^2	nach dm^2	nach cm^2	nach mm^2
von m^2	-	2 →	4 →	6 →
von dm^2	2 ←	-	2 →	4 →
von cm^2	4 ←	2 ←	-	2 →
von mm^2	6 ←	4 ←	2 ←	-

Volumen	nach m^3	nach L/dm^3	nach cm^3	nach mm^3
von m^3	-	3 →	6 →	9 →
von L/dm^3	3 ←	-	3 →	6 →
von cm^3	6 ←	3 ←	-	3 →
von mm^3	9 ←	6 ←	3 ←	-

Rechnen Sie die Maße um.

Verwenden Sie wahlweise die Maßtreppe oder die Maßtabelle.

Maß	Maßeinheit alt	Maßeinheit neu	Stufen	Stellen	Komma	neues Maß	Maßeinheit neu
11,25	m	cm	2	2	→	1125	cm
17490	mm	m	3	3	←	17,490	m
5,77	dm^2	m^2	1	2	←	0.0577	m^2
1,23	Liter	mm^3	2	6	→	1230000	mm^3
0,80	m^3	cm^3	2	6	→	800 000	cm^3
2500	mm	m	3	3	←	2,50	m
23020	cm^2	m^2	2	4	←	2,302	m^2
35900	mm^3	dm^3	2	6	←	0,0359	dm^2
0,0035	m^2	cm^2	2	4	→	35	cm^3
0,000024	m^3	mm^3	3	9	→	24 000	mm^3
0,025	m	cm	2	2	→	2,5	cm
46705	mm	m	3	3	←	46,705	m
0,044	m^3	Liter	1	3	→	44	Liter
28,23	Liter	dm^3	0	0		28,23	dm^3
126	mm	dm	2	2	←	1,26	dm
90505	cm^2	m^2	2	4	←	9,0505	m^2
3345	mm^3	cm^3	1	3	←	3,345	cm^3
45	m^3	Liter	1	3	→	45 000	Liter
800150	mm^2	m^2	3	6	←	0,80015	m^2
625000	mm^3	dm^3	2	6	←	0,625	dm^3
0,0064	m^3	dm^3	1	3	→	6,4	dm^3
872	cm	mm	1	1	→	8720	mm
12,4	dm	m	1	1	←	1,24	m
45,98	dm	mm	2	2	→	4598	mm
11,1	Liter	mm^3	2	6	→	11 100 000	mm^3
82500	mm	m	3	3	←	82,5	m
23,71	dm	m	1	1	←	2,371	m
0,000012	m^3	cm^3	2	6	→	12	cm^3
0,000083	m^2	mm^2	3	6	→	83	mm^2
4567000	mm^3	m^3	3	9	←	0,00 4567	m^3

Maßumwandlungen 1

 Rechnen Sie die Maße jeweils um und ermitteln Sie das Gesamtmaß.

Längen

1) 24,5 cm + 12,78 dm + 7400 mm = ? m

   0,245 + 1,278 + 7,40   =   8,923   m

2) 2,45 m + 248 cm + 9820 mm = ? dm

   24,5 + 24,8 + 98,2   =   147,50   dm

3) 3,99 dm + 789 mm + 0,0036 m = ? cm

   39,9 + 78,9 + 0,36   =   119,16   cm

4) 0,0045 m + 23,1 cm + 0,66 dm = ? mm

   4,5 + 231 + 66   =   301,5   mm

Flächen

5) $0,34 \text{ m}^2 + 95,2 \text{ dm}^2 + 340500 \text{ mm}^2 = ? \text{ cm}^2$

   3400 + 9520 + 3405   =   16325 cm^2

6) $462 \text{ dm}^2 + 23000 \text{ cm}^2 + 500310 \text{ mm}^2 = ? \text{ m}^2$

   4,62 + 2,3 + 0,50031   =   7,42 m^2

7) $0,0045 \text{ m}^2 + 23,1 \text{ cm}^2 + 3,89 \text{ dm}^2 = ? \text{ mm}^2$

   4500 + 2310 + 38900   =   45710 mm^2

Volumen

8) $0,23 \text{ m}^3 + 45600 \text{ mm}^3 + 11050 \text{ cm}^3 = ? \text{ Liter}$

   230 + 0,0456 + 11,05   =   241,096   Liter

9) $11000 \text{ cm}^3 + 56 \text{ Liter} + 7900000 \text{ mm}^3 = ? \text{ m}^3$

   0,011 + 0,056 + 0,0079   =   0,075 m^3

10) $11000 \text{ mm}^3 + 0,78 \text{ Liter} + 19000 \text{ mm}^3 = ? \text{ cm}^3$

   11 + 78 + 19   =   108 cm^3

Maßumwandlungen 2

Kopiervorlage

Name:

Klasse:

Datum:

Fach:

 Rechnen Sie die Maße um.

Verwenden Sie wahlweise die Maßtreppe oder die Maßtabelle.

Maß	Maßeinheit alt	Maßeinheit neu	Stufen	Stellen	Komma	neues Maß	Maßeinheit neu

Name:		Datum:
Klasse:		Fach:

 Rechnen Sie die Maße jeweils um und ermitteln Sie das Gesamtmaß.

Längen

1) .... cm + ... dm + ….....…..... mm = ? m

.... = ... m

2) .... m + …….....…... cm + …….....…... mm = ? dm

.... = ... dm

3) .... dm + …….....…... mm + …….....…... m = ? cm

.... = ... cm

4) .... m + …….....…... cm + …….....…... dm = ? mm

.... = ... m

Flächen

5) .... m^2 + …….....…... dm^2 + …….....…... mm^2 = ? cm^2

.... = ... cm^2

6) .... dm^2 + …….....…... cm^2 + …….....…... mm^2 = ? m^2

.... = ... m^2

7) .... m^2 + …….....…... cm^2 + …….....…... dm^2 = ? mm^2

.... = ... mm^2

Volumen

8) .... m^3 + …….....…... mm^3 + …….....…... cm^3 = ? Liter

.... = ... Liter

9) .... cm^3 + …….....…... Liter + …….....…... mm^3 = ? m^3

.... = ... m^3

10) .... mm^3 + …….....…... Liter + …….....…... mm^3 = ? cm^3

.... = ... cm^3

Linienübung 1

Dargestellt sind zwei Bauteile, die Maße sind in mm angegeben.

Zeichnen Sie mit dem HB-Stift die Kanten der Bauteile in das vorgegebene Raster ein. Beachten Sie das Beispiel für Bauteil 1.

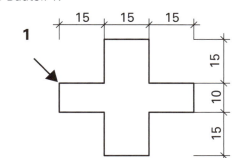

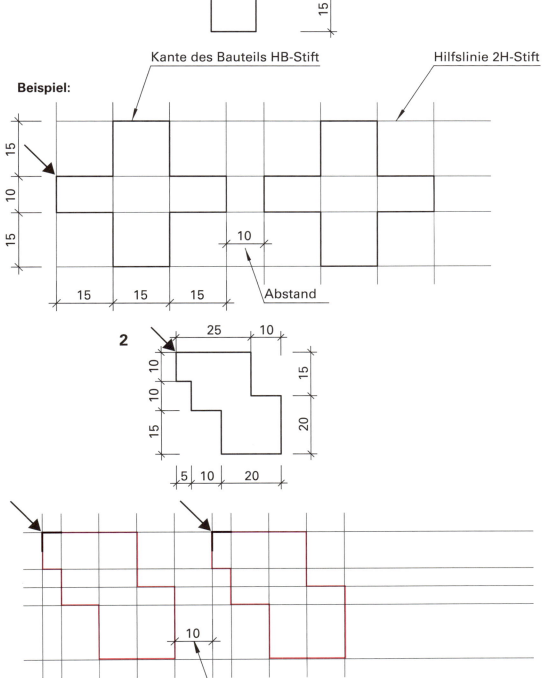

Kante des Bauteils HB-Stift   Hilfslinie 2H-Stift

Beispiel:

Abstand

Abstand

Zeichnen Sie mit dünnen Linien (2H-Stift) das Raster und zeichnen Sie dann die Bauteile zweimal mit breiter Linie (HB-Stift) in das Raster ein. Lassen Sie zwischen den Bauteilen 10 mm Abstand.

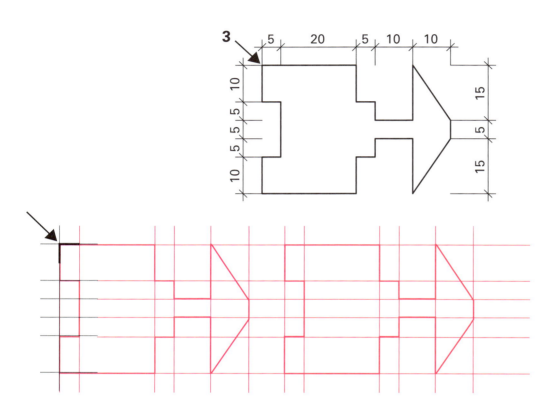

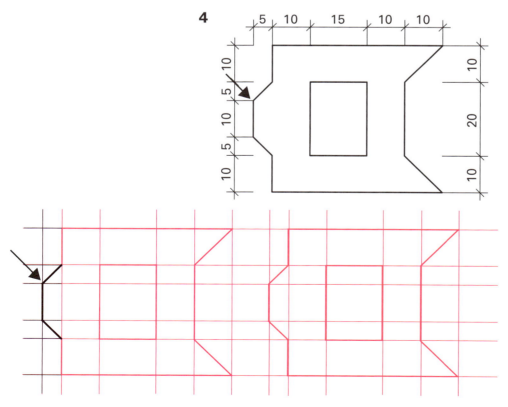

Linienübung 2

Zeichnen Sie mit dünnen Linien (2H-Stift) das Raster und zeichnen Sie dann die Bauteile zweimal mit breiter Linie (HB-Stift) in das Raster ein. Lassen Sie zwischen den Bauteilen 10 mm Abstand.

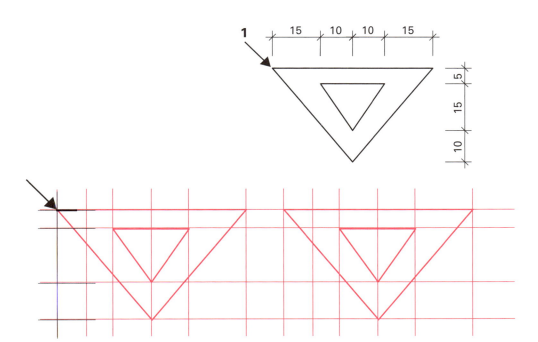

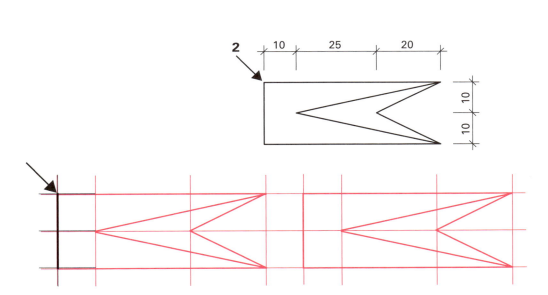

Zeichnen Sie mit dünnen Linien (2H-Stift) das Raster und zeichnen Sie dann die Bauteile zweimal mit breiter Linie (HB-Stift) in das Raster ein. Lassen Sie zwischen den Bauteilen 10 mm Abstand.

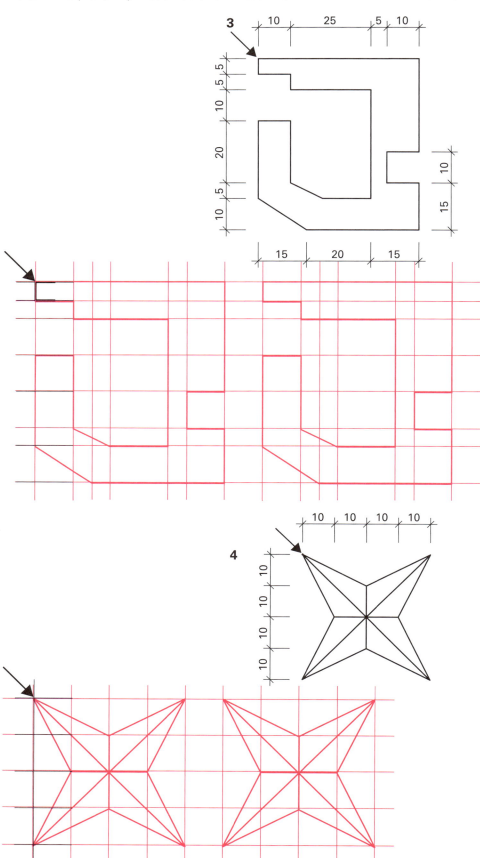

Das Bauteil 1 ist in mm bemaßt.

 Zeichnen Sie das Bauteil 1 zweimal in die vorgegebenen Achsen.

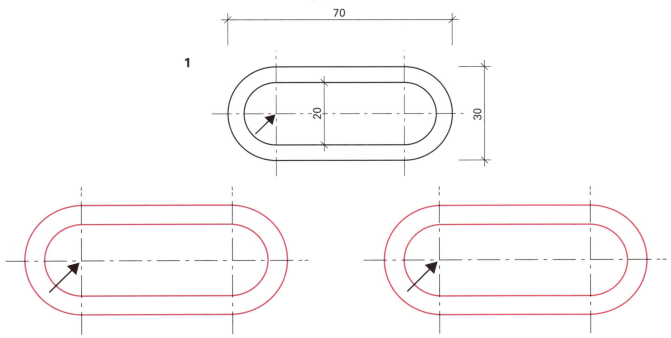

Das Bauteil 2 ist in mm bemaßt. Zeichnen Sie das Bauteil 2 in die vorgegebenen Achsen.

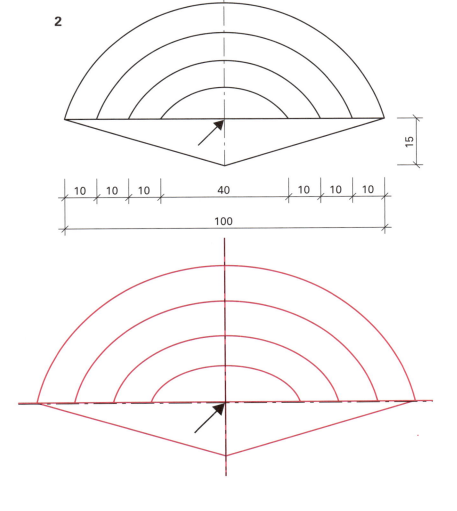

Das Bauteil 3 ist in mm bemaßt.

 Zeichnen Sie das Bauteil 3 in die vorgegebenen Achsen.

3

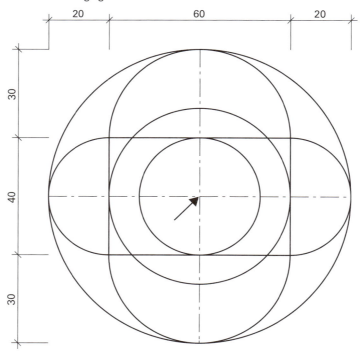

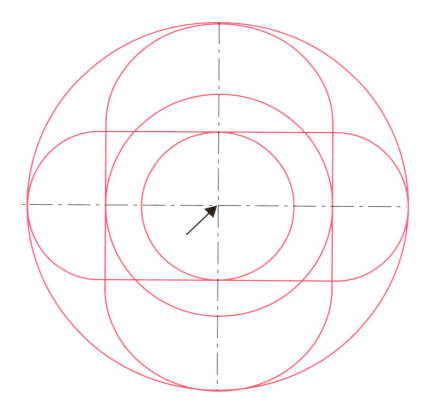

Bauteile im Maßstab 1

 Zeichnen Sie die Wand im Maßstab 1:50 ohne Bemaßung.

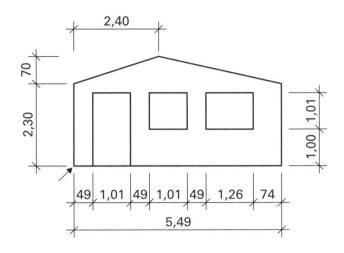

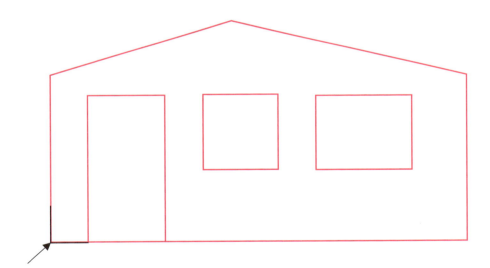

Zeichnen Sie die Wand im Maßstab 1:50 ohne Bemaßung.

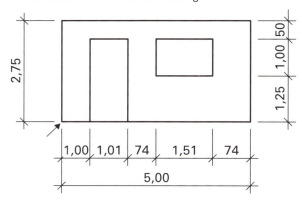

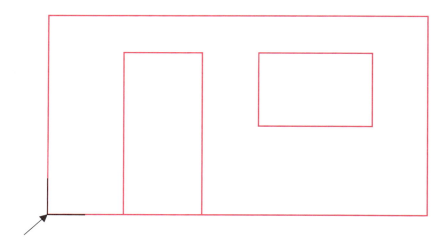

Zeichnen Sie das Betonfertigteil im Maßstab 1:10 ohne Bemaßung.

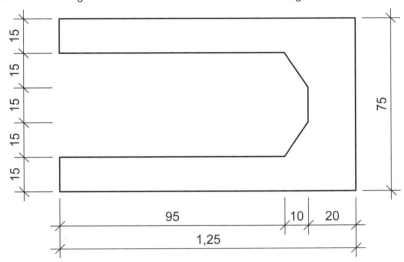

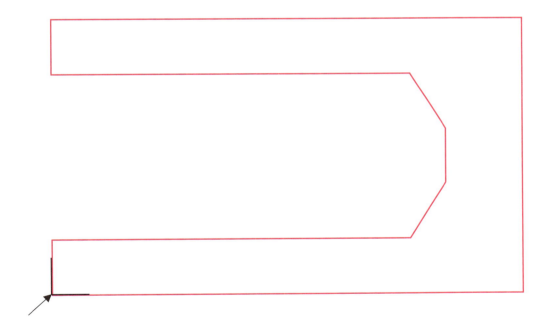

Zeichnen Sie das Betonfertigteil im Maßstab 1:10 ohne Bemaßung.

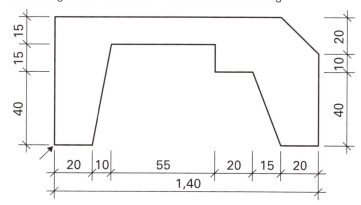

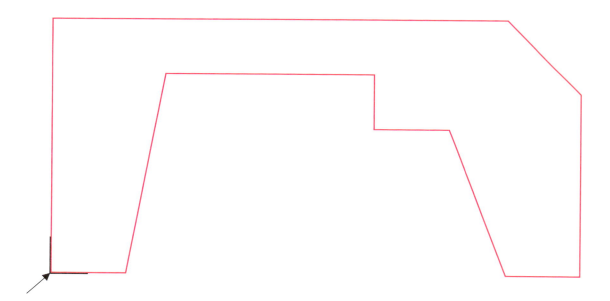

Zeichnen Sie die Fassade im Maßstab 1:100 ohne Bemaßung.

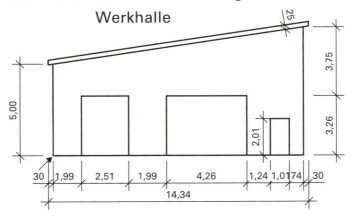

Werkhalle

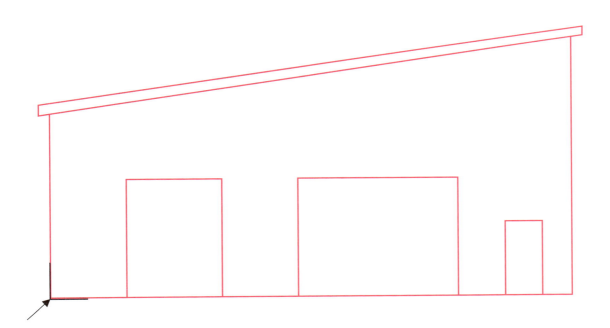

Zeichnen Sie die Fassade im Maßstab 1:100 ohne Bemaßung.

Wohnhaus mit Flachdach

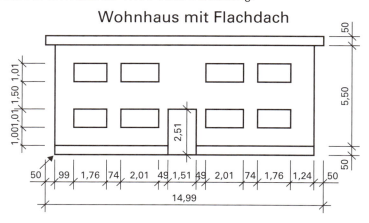

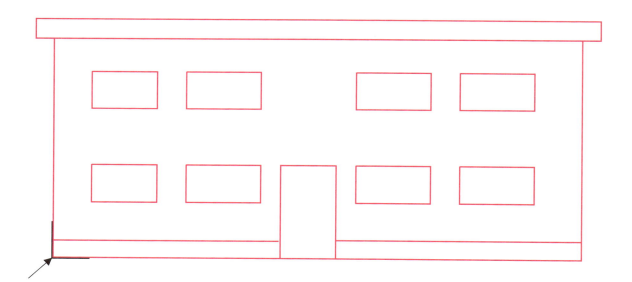

Zeichnen Sie die Bodenplatte im Maßstab 1:100 ohne Bemaßung.

Bodenplatte mit Aussparungen

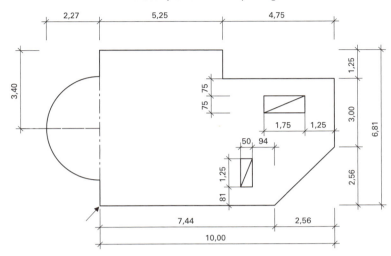

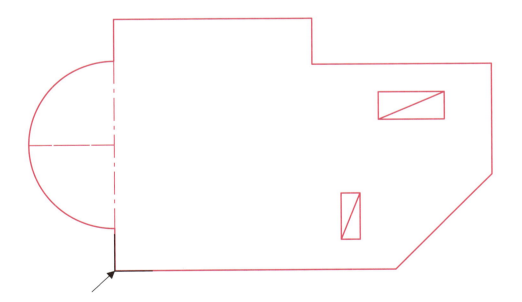

Zeichnen Sie die Bodenplatte im Maßstab 1:100 ohne Bemaßung.

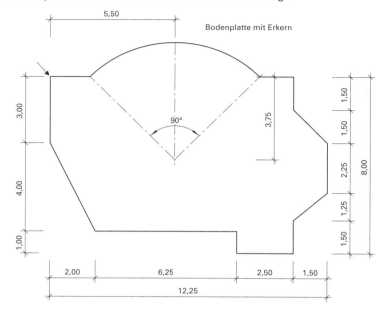

Bodenplatte mit Erkern

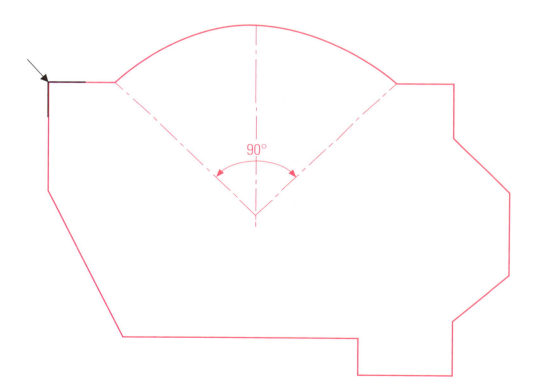

Bauteile mit Bemaßung 1

 Bemaßen Sie die maßstäblich gezeichnete Wandfläche.

Wenden Sie die Bemaßungsregeln an.

Wandfläche im Maßstab 1:50

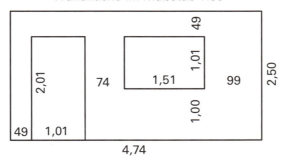

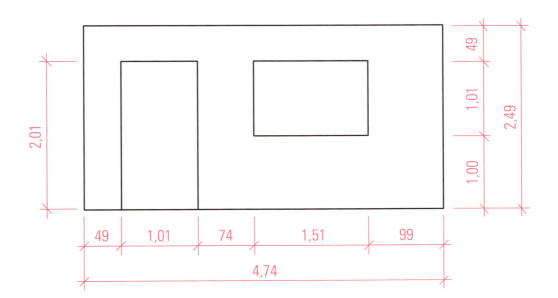

Bemaßen Sie die maßstäblich gezeichnete Wandfläche.

Wenden Sie die Bemaßungsregeln an.

Wandfläche im Maßstab 1:50

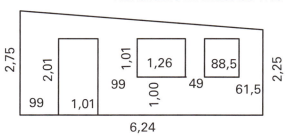

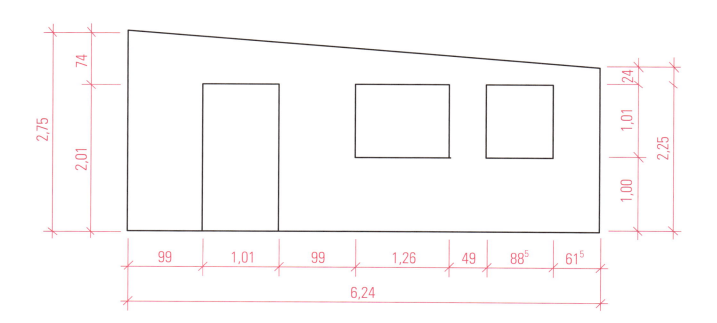

Bemaßen Sie die maßstäblich gezeichnete Deckenplatte.

Wenden Sie die Bemaßungsregeln an.

Deckenplatte im Maßstab 1:100

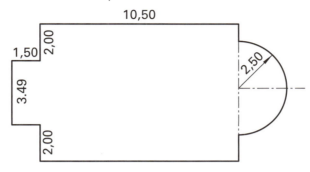

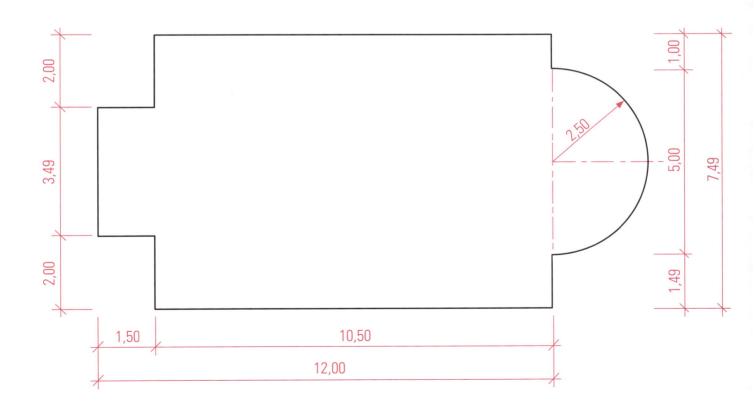

Bemaßen Sie die maßstäblich gezeichnete Deckenplatte.

Wenden Sie die Bemaßungsregeln an.

Deckenplatte im Maßstab 1:100

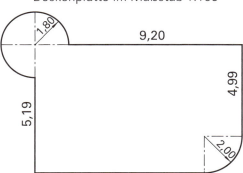

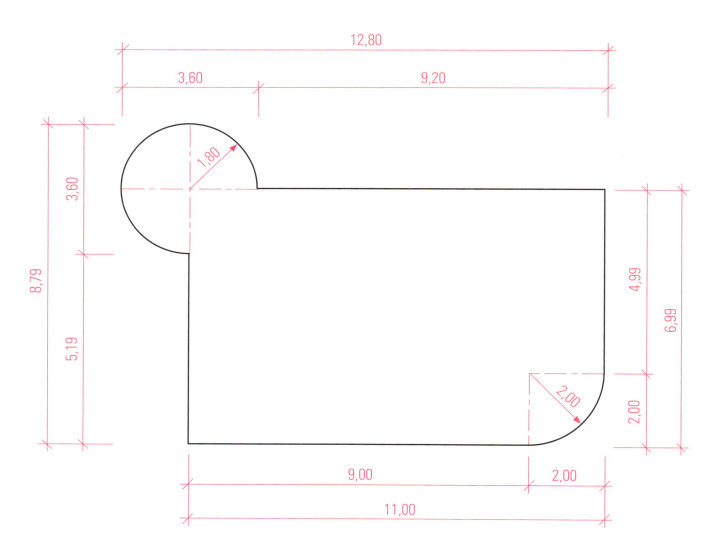

Bauteile mit Bemaßung 3

 Zeichnen Sie den Hausgiebel im vorgegebenen Maßstab mit Bemaßung.

Hausgiebel im Maßstab 1:50

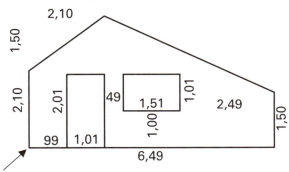

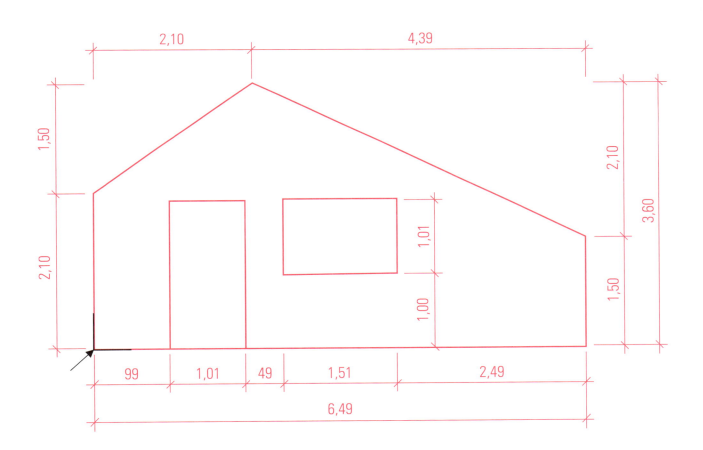

Zeichnen Sie die Platte mit Aussparung im vorgegebenen Maßstab mit Bemaßung.

Platte mit Aussparung im Maßstab 1:10

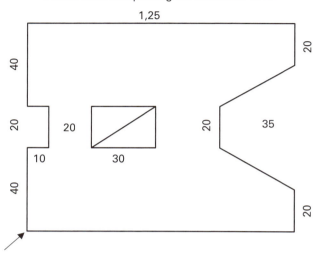

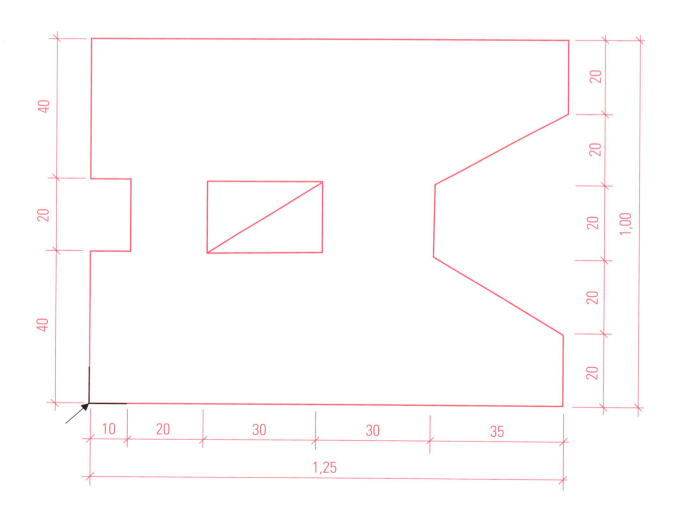

Name:

Klasse:

Datum:

Fach:

 Zeichnen Sie die Hausfassade im vorgegebenen Maßstab mit Bemaßung.

Pförtnerhaus im Maßstab 1:50

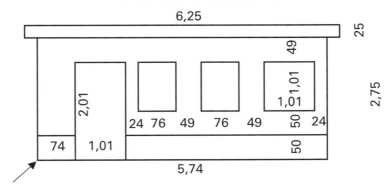

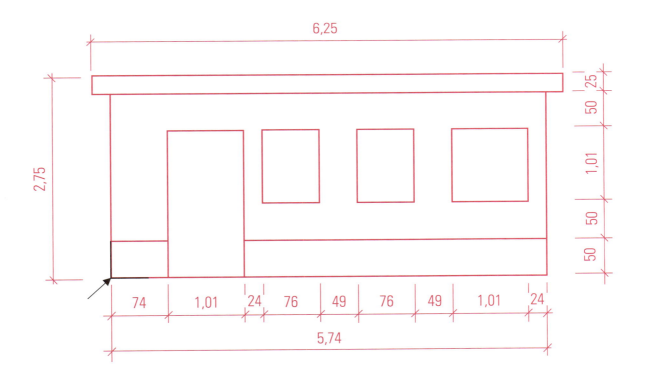

Bauteile mit Bemaßung 4

Zeichnen Sie die Stahlplatte mit Aussparungen im vorgegebenen Maßstab mit Bemaßung.

Stahlplatte mit Aussparungen im Maßstab 1:5

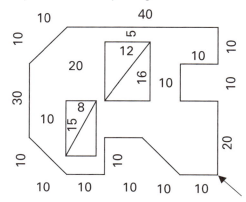

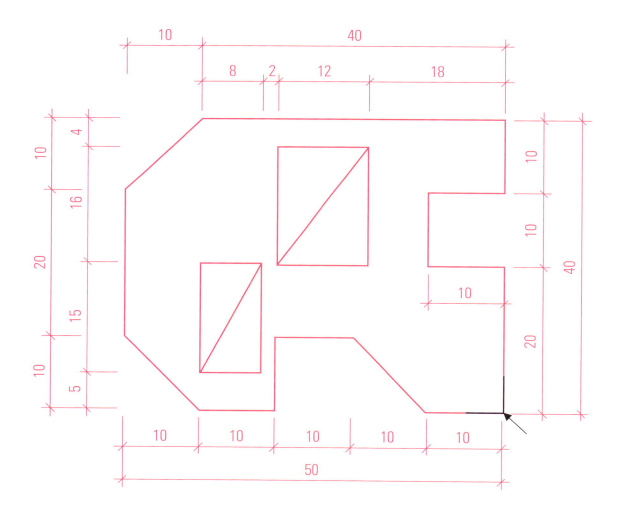

Zeichnen Sie den Lageplan im Maßstab 1:200 mit Bemaßung.

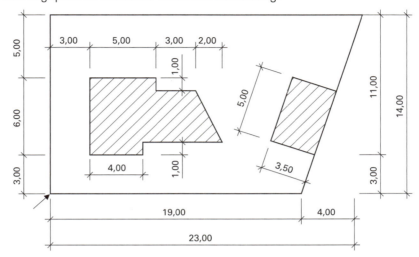

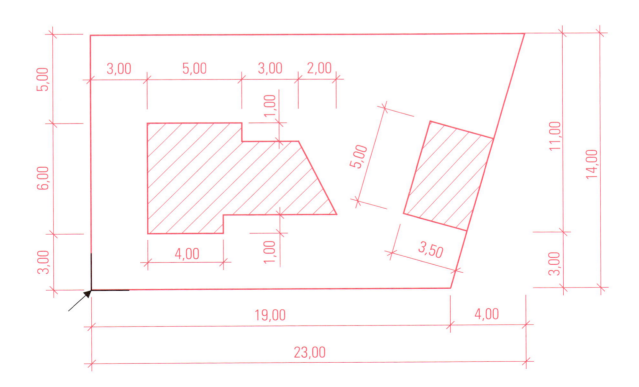

Zeichnen Sie den Lageplan im Maßstab 1:200 mit Bemaßung.

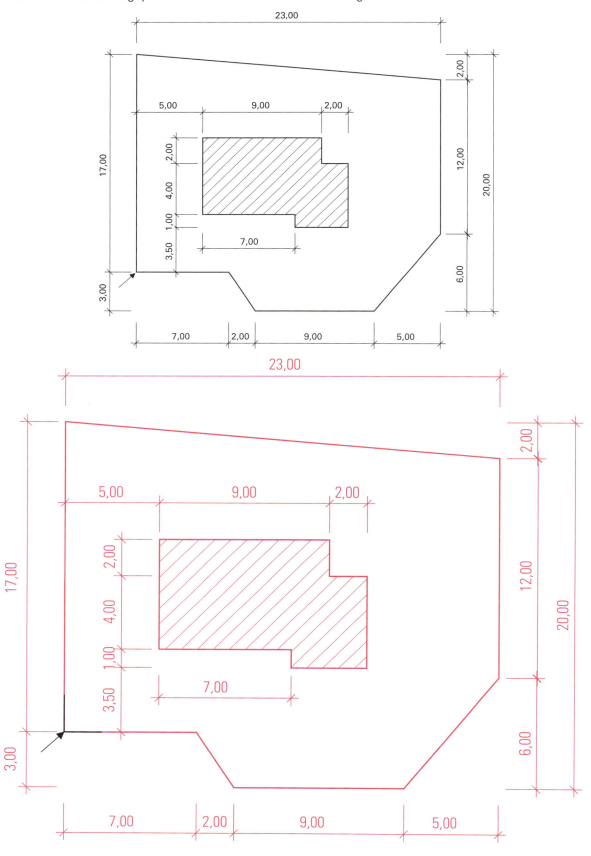

Bei einer Baustellenbegehung wurde eine Giebelwand skizziert. Aus der Skizze soll eine Zeichnung erstellt werden. Zeichnen Sie die Giebelwand im Maßstab 1:50 mit Bemaßung auf Seite 137.

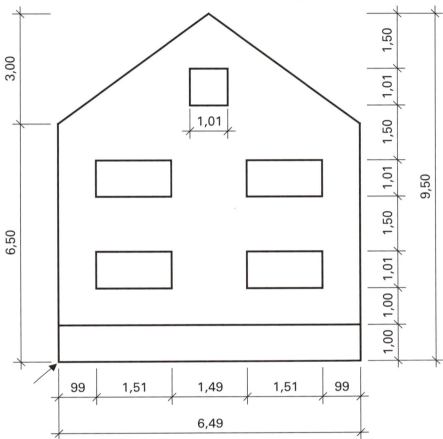

Zeichnen Sie die Maschinenfundamente im Maßstab 1:10 mit Bemaßung auf Seite 138.

1)

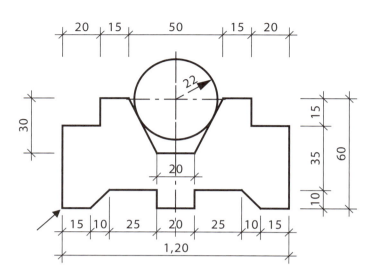

2)

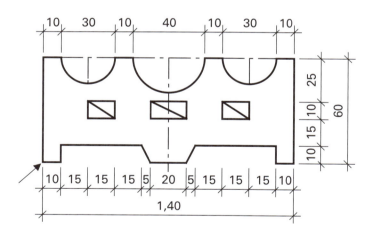

Name:

Klasse:

Bauteile mit Bemaßung 6

Lösungen

Datum:

Fach:

 Zeichnen Sie die Giebelwand im Maßstab 1:50 mit Bemaßung.

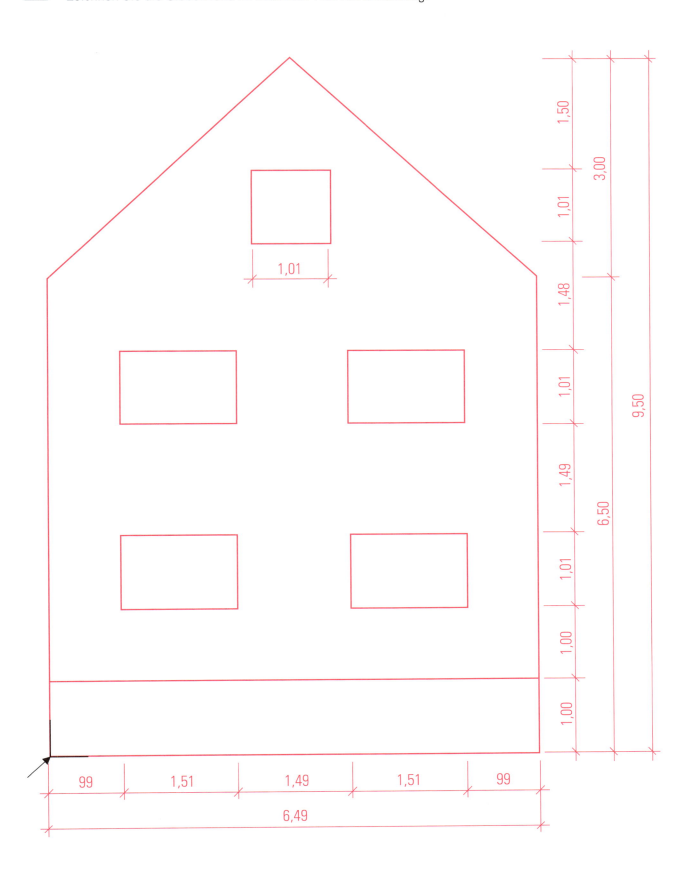

Bauteile mit Bemaßung 6
Lösungen

 Zeichnen Sie die Maschinenfundamente im Maßstab 1:10 mit Bemaßung.

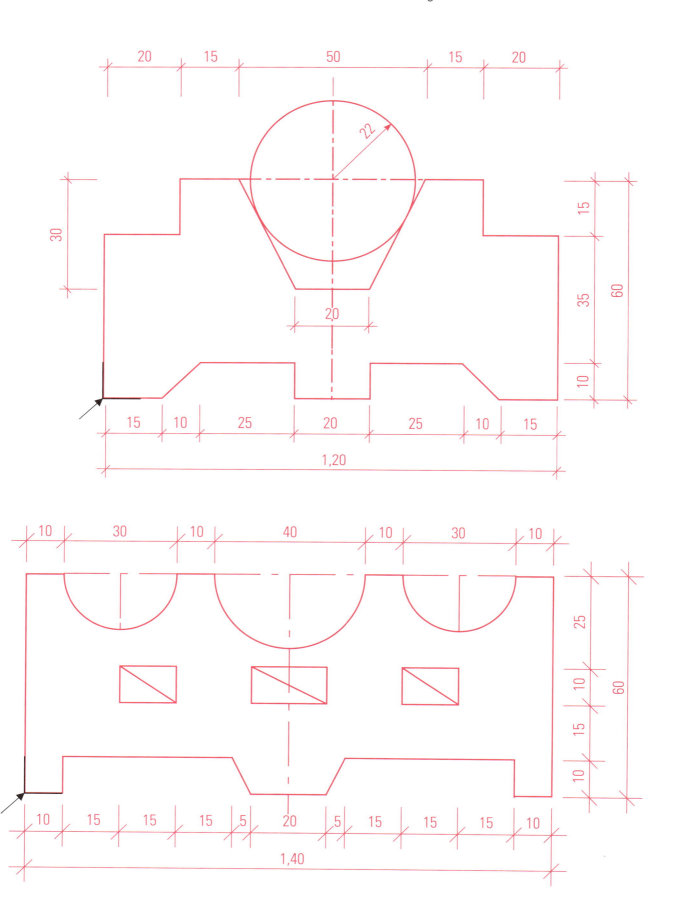

Beispiel: Grundrissbemaßung

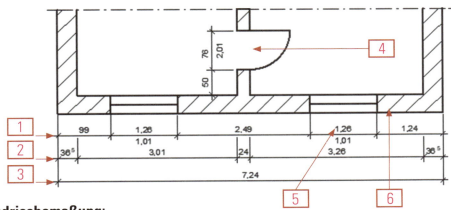

Regeln Grundrissbemaßung:

1) Maßkette 1 : Wandstück – Öffnung – Wandstück – Öffnung – Wandstück

2) Maßkette 2: Wanddicke – Rauminnenmaß – Wanddicke – Rauminnenmaß – Wanddicke

3) Maßkette 3: Gesamtmaß

4) Innentüren werden innen bemaßt.

5) Die Breiten der Öffnungen stehen auf, die Höhen der Öffnungen unter der Maßlinie.

6) Wände schraffieren mit dünner Linie (2H-Stift) unter 45 Grad, alle 5 mm.

Aufgabe: Bemaßen Sie den im Maßstab 1:50 gezeichneten Grundriss.

Außenlänge 4,74 m, Außenbreite 3,74 m, Wanddicke 24 cm, Türen 1,01 m breit und 2,01 m hoch. Fenster 1,01 m breit und 1,01 m hoch, beide Fenster haben von der oberen Außenkante 99 cm Abstand. Die Innentür hat von der unteren Innenkante 1,50 m Abstand. Die Außentür hat von der rechten Außenecke 74 cm Abstand. Der linke Raum ist 1,76 m breit. Fehlende Maße sind zu berechnen.

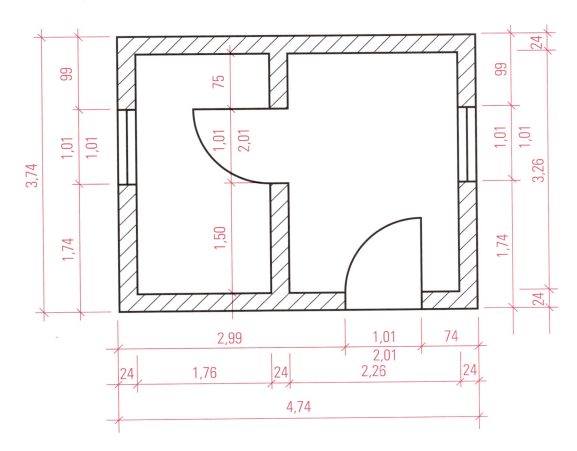

Name:

Klasse:

Grundriss und Schnitte 1

Grundrissbemaßung

Datum:

Fach:

Das Werkstattgebäude mit Rolltor ist außen 6,49 m lang und 4,74 m breit. Die Wanddicken sind außen 24 cm und innen 11,5 cm.

Bemaßen Sie den im Maßstab 1:50 gezeichneten Grundriss normgerecht.
Fehlende Maße sind zu berechnen.

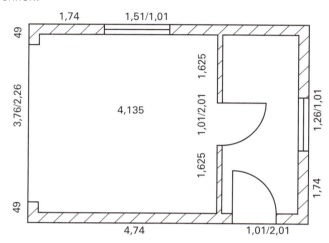

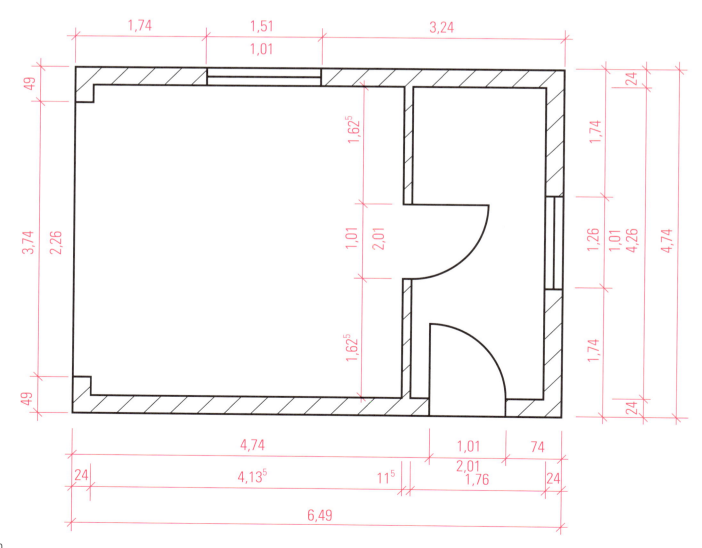

Name:

Klasse:

Grundriss und Schnitte 2

Garage

Datum:

Fach:

 Zeichnen Sie den Grundriss der dargestellten Garage mit Bemaßung im M 1:50.

Maße der Garage:

Länge außen 6,115 m, Breite außen 3,74 m, Wanddicke 24 cm, Garagentor 2,51/2,135 m
Fenster 1,26/1,01 m mittig, Brüstungshöhe 1,00 m

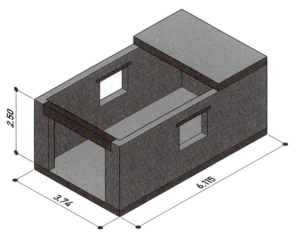

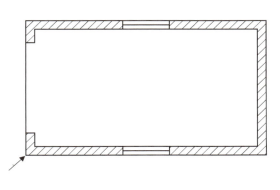

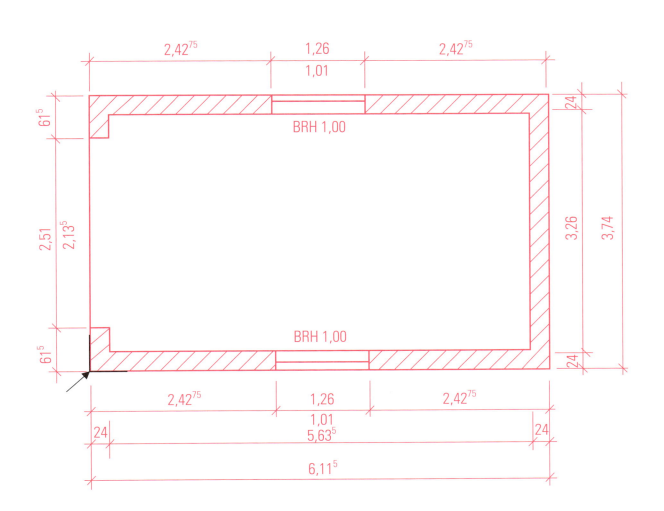

Name:

Klasse:

Grundriss und Schnitte 2

Garage

Datum:

Fach:

Zeichnen Sie den Längsschnitt der dargestellten Garage mit Bemaßung im M 1:50.

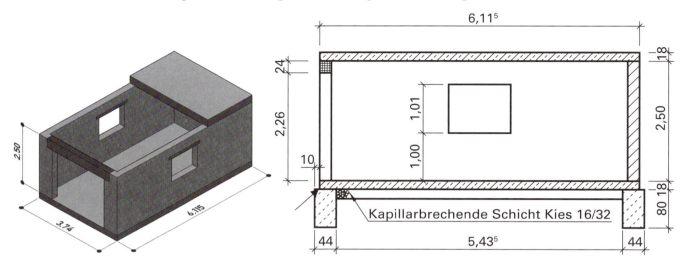

Kapillarbrechende Schicht Kies 16/32

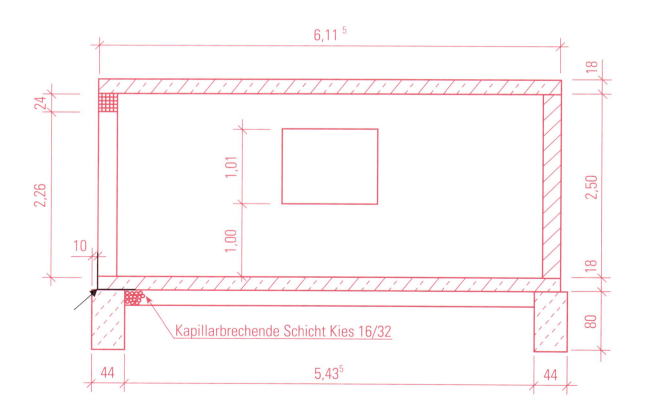

Kapillarbrechende Schicht Kies 16/32

Grundriss und Schnitte 3
Garage mit Abstellraum

Name:

Klasse:

Datum:

Fach:

Familie Klein möchte eine Garage mit Abstellraum bauen. Die abgebildeten Zeichnungen wurden mit dem Bauantrag eingereicht.

Die Doppelgarage muss jedoch verkleinert werden, da für die geplante Größe keine Baugenehmigung erteilt wurde.

Planen Sie das Gebäude sinnvoll um. Neue Länge: 8,24 m, neue Breite 6,99 m

Hinweise:

- Wegen der vorhandenen Statik werden die Wanddicken nicht verändert.
- Die Größe der Öffnungen soll erhalten bleiben, die Innenlänge der Garage soll 5,26 m sein.

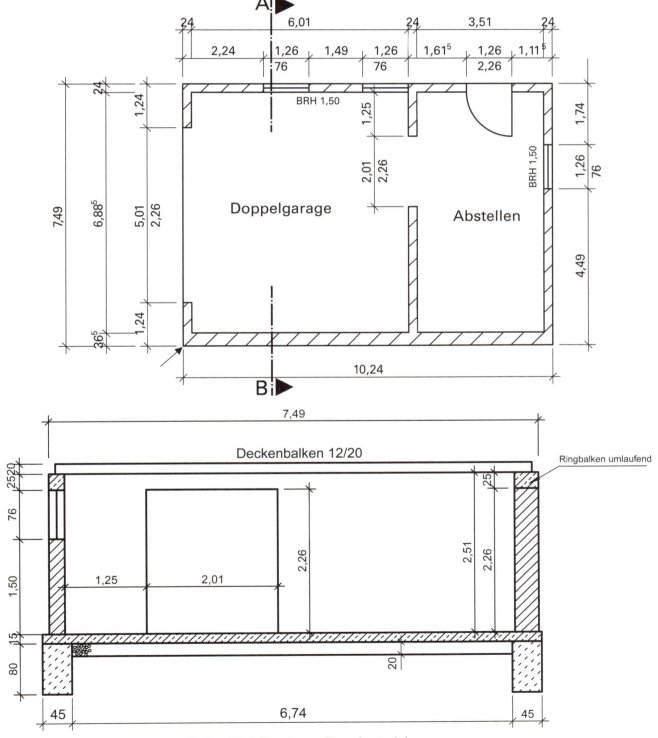

Schnitt AB ohne Dachstuhl

Grundriss und Schnitte 3

Garage mit Abstellraum

Familie Meier möchte eine Garage mit Abstellraum bauen. Das Gebäude soll der abgebildeten Zeichnung entsprechen. Sie sollen die genaue Planung erstellen.

Vorgaben der Baufamilie:

Die Außenmaße liegen wegen des vorgegebenen Baufensters fest:
Länge maximal 8,50 m, Breite maximal 4,50 m
Wanddicken: Außenwand 17,5 cm, Innenwand 11,5 cm

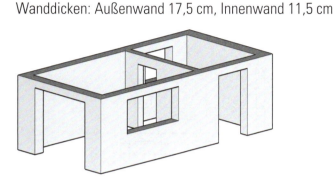 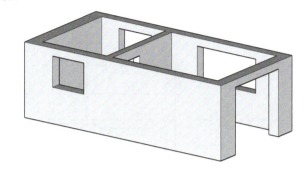

Gehen Sie schrittweise vor:

1) Festlegen der genauen Außenmaße

2) Wegen der vorgegebenen Wanddicken ergeben sich die Innenmaße.

3) Festlegen der Öffnungsgrößen und Lage der Öffnungen

4) Zeichnen des Grundrisses als Skizze auf kariertem Papier mit allen Maßen, die der Maßordnung im Mauerwerksbau entsprechen müssen

5) Festlegen von Wandhöhe, Stürzen, Dicke der Bodenplatte, Dicke der Deckenplatte, Größe der Streifenfundamente

6) Zeichnen des Längsschnitts (Schnitt geht durch Garagentor und Innentür) als Skizze auf kariertem Papier

7) Erstellen der Zeichnungen: Grundriss und Längsschnitt im Maßstab 1:50

Grundriss und Schnitte 4

Garage Familie Klein – Lösungen

Name:

Klasse:

Datum:

Fach:

Zeichnen Sie den Grundriss der Doppelgarage der Familie Klein (s. Seite 143) im M 1:50 im Querformat.

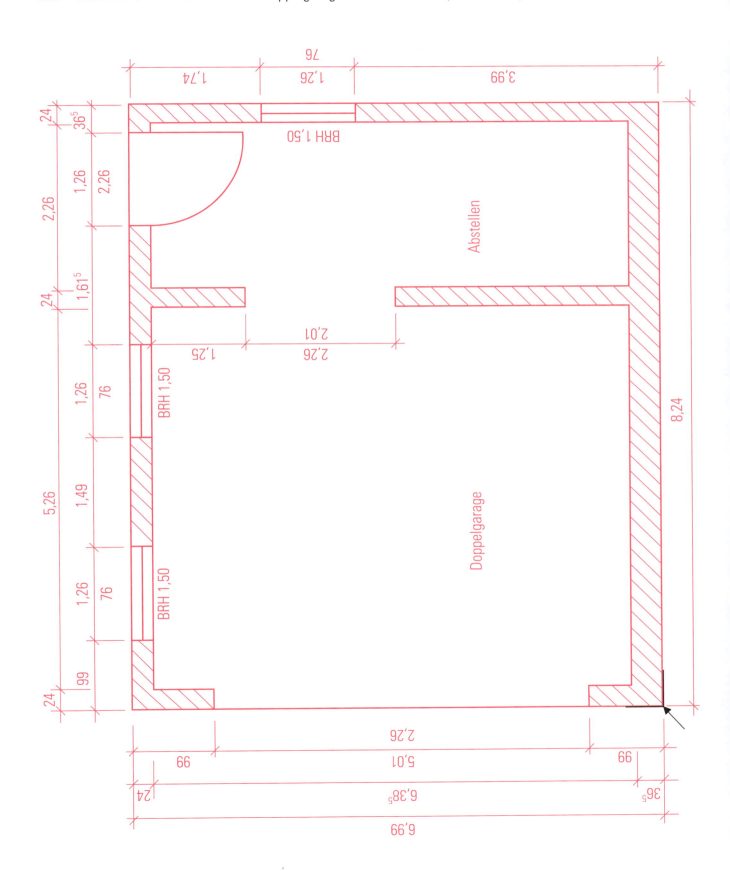

Grundriss und Schnitte 4

Garage Familie Klein – Lösungen

Name:

Klasse:

Datum:

Fach:

Zeichnen Sie den Querschnitt AB der Doppelgarage der Familie Klein (s. Seite 143) im M 1:50 im Querformat.

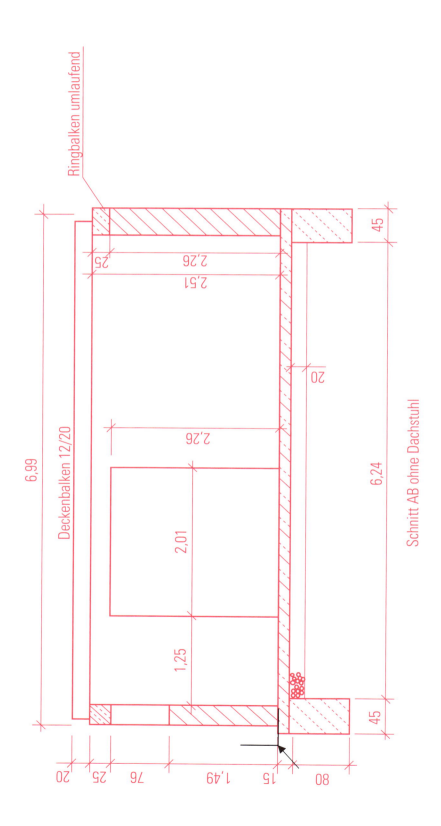

Name:

Klasse:

Grundriss und Schnitte 5

Garage Familie Meier – Lösungen

Datum:

Fach:

 Zeichnen Sie den Grundriss der Garage (s. Seite 144) mit Bemaßung im M 1:50 im Querformat.

Zeichnen Sie den Längsschnitt der Garage (s. Seite 144) mit Bemaßung im M 1:50 im Querformat.

Die Markierung bezieht sich auf die Unterkante der Bodenplatte.

Detail 1: Deckenrand und schwimmender Estrich

Zeichnen Sie das Detail im Maßstab 1:10. Schraffieren Sie alle Baustoffe normgerecht.

Bitte beachten Sie:

Alle Sperrschichten sind in der Zeichnung 1 mm dick zu zeichnen (ohne Maßstab)!

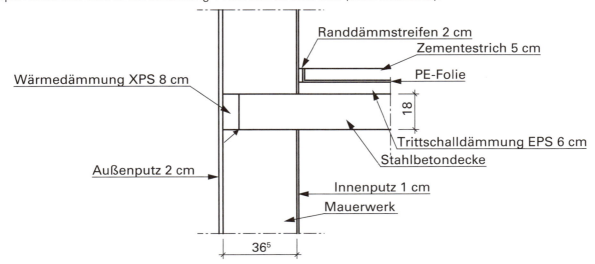

Randdämmstreifen 2 cm
Zementestrich 5 cm
PE-Folie
Wärmedämmung XPS 8 cm
18
Trittschalldämmung EPS 6 cm
Stahlbetondecke
Außenputz 2 cm
Innenputz 1 cm
Mauerwerk
36^5

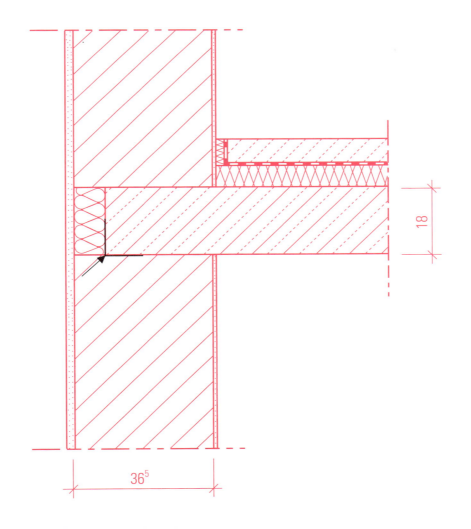

18

36^5

Detail 2: Pfettendach auf Stahlbetondecke

Zeichnen Sie das Detail im Maßstab 1:10. Schraffieren Sie alle Baustoffe normgerecht.

Bitte beachten Sie:

Alle Sperrschichten sind in der Zeichnung 1 mm dick zu zeichnen (ohne Maßstab)!

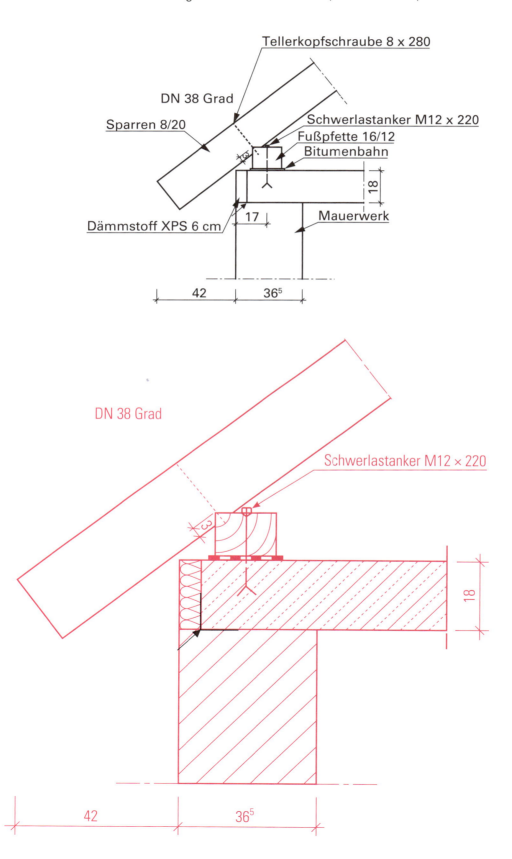

Tellerkopfschraube 8 x 280

DN 38 Grad

Sparren 8/20

Schwerlastanker M12 x 220

Fußpfette 16/12

Bitumenbahn

18

Dämmstoff XPS 6 cm

17

Mauerwerk

42   36⁵

DN 38 Grad

Schwerlastanker M12 × 220

3

18

42   36⁵

Name:

Klasse:

Datum:

Fach:

Detail 3: Sockeldetail Garagenaußenwand mit Sichtmauerwerk

Zeichnen Sie das Detail im Maßstab 1:10 auf Seite 153. Schraffieren Sie alle Baustoffe normgerecht.

Bitte beachten Sie:

Alle Sperrschichten sind in der Zeichnung 1 mm dick zu zeichnen (ohne Maßstab)!

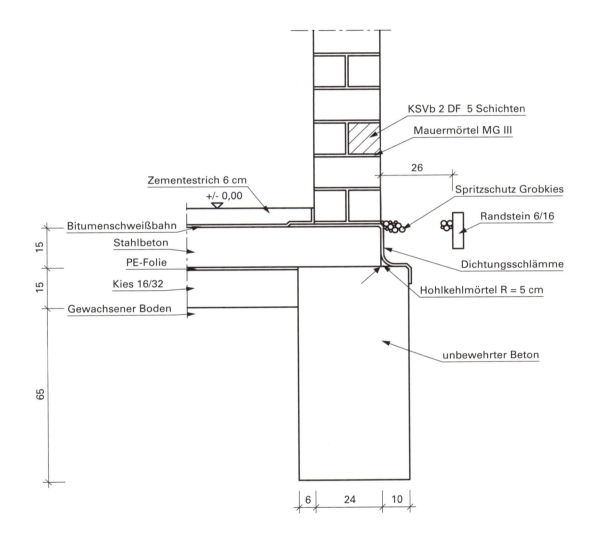

Schnittdetails 2

Detail 4: Kellerdetail mit Perimeterdämmung

Zeichnen Sie das Detail im Maßstab 1:10 auf Seite 154. Schraffieren Sie alle Baustoffe normgerecht.

Bitte beachten Sie:

Alle Sperrschichten sind in der Zeichnung 1 mm dick zu zeichnen (ohne Maßstab)!

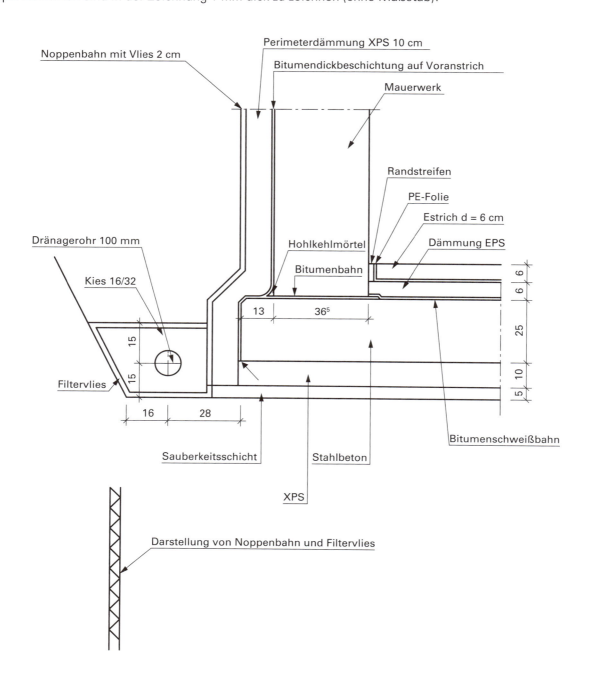

Noppenbahn mit Vlies 2 cm

Perimeterdämmung XPS 10 cm

Bitumendickbeschichtung auf Voranstrich

Mauerwerk

Randstreifen

PE-Folie

Estrich d = 6 cm

Dämmung EPS

Dränagerohr 100 mm

Kies 16/32

Hohlkehlmörtel

Bitumenbahn

13   36⁵

Filtervlies

16   28

Bitumenschweißbahn

Sauberkeitsschicht

Stahlbeton

XPS

Darstellung von Noppenbahn und Filtervlies

Detail 3: Sockeldetail Garagenaußenwand mit Sichtmauerwerk

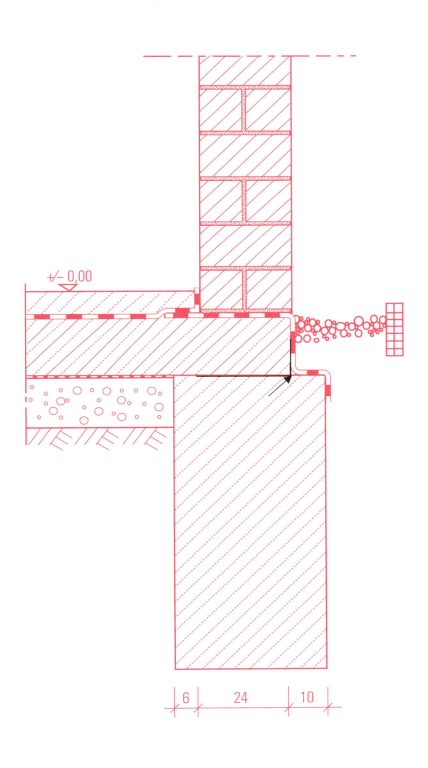

Detail 4: Kellerdetail mit Perimeterdämmung

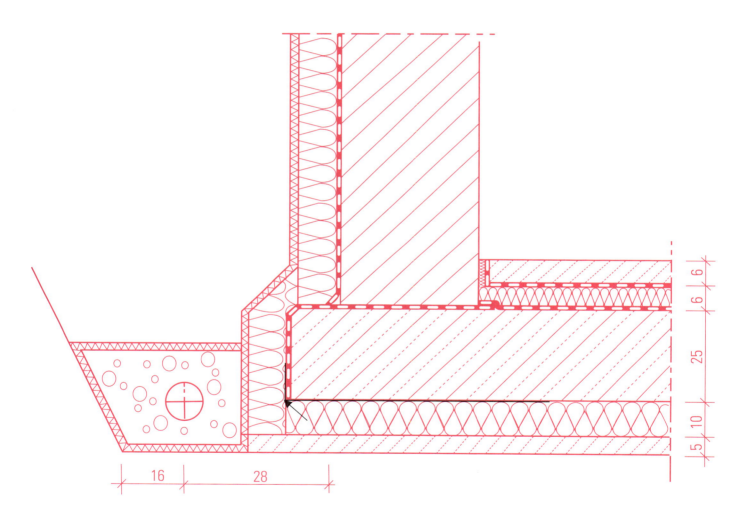

Zeichnen von Baukörpern 1

Grundinformation zu allen Aufgaben

- Es werden die drei wichtigsten Darstellungsarten gezeichnet:
  Dreitafelprojektion
  Isometrie
  Kavalierperspektive
- Alle in diesem Buch vorgestellten Baukörper sind 4 cm breit, 4 cm hoch und 2 cm,
  3 cm oder 4 cm tief.
- Alle Maße sind auf das 5-mm-Raster angepasst.
- Jeder Baukörper soll in allen drei Darstellungsarten gezeichnet werden.
- Die Maßangaben für die Dreitafelprojektion und die Isometrie sind cm.
- Die Maßangaben für die Kavalierperspektive sind in Breite und Höhe cm,
  für die 45-Grad-Linien sind die Maßangaben Kästchen diagonal.
  Das entspricht einem Kürzungsfaktor von 0,7.
- Durch diese Vorgaben kann immer auf den Hilfslinien bzw. Hilfspunkten gezeichnet werden,
  was das Zeichnen stark erleichtert.
- Die Aufgaben können mit Geodreieck, aber auch freihand gezeichnet werden.
- Es wird immer die unten abgebildete Aufgabenstellung verwendet.

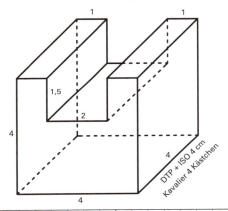

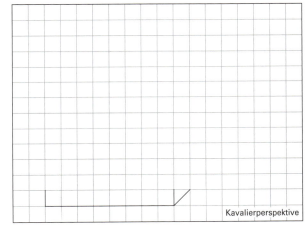

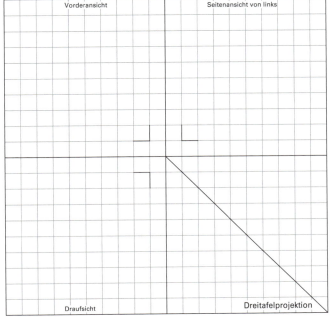

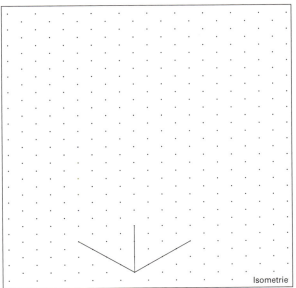

Beispiellösung auf der Rückseite!

Zeichnen Sie den Baukörper in Dreitafelprojektion, Isometrie und Kavalierperspektive.

Beispiellösung:

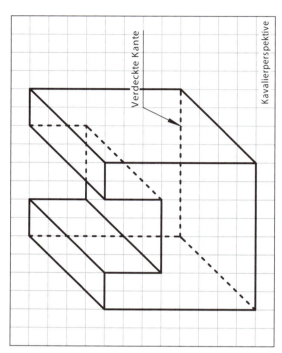

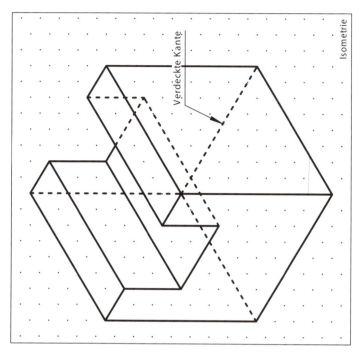

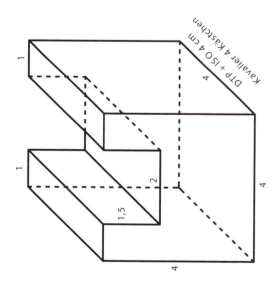

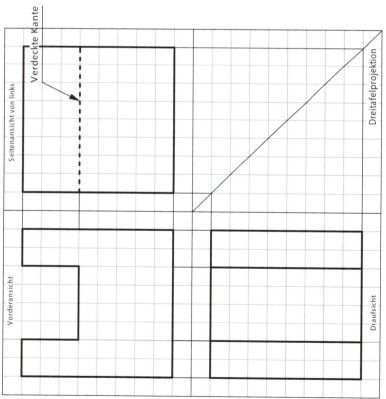

Zeichnen von Baukörpern 2

 Zeichnen Sie den Baukörper in Dreitafelprojektion, Isometrie und Kavalierperspektive.

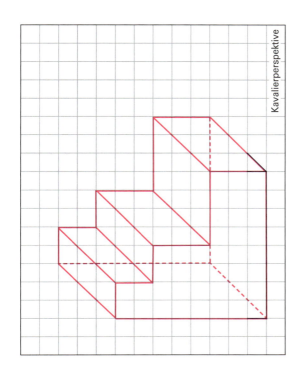

Kavalierperspektive

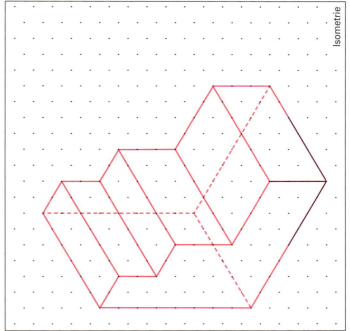

Isometrie

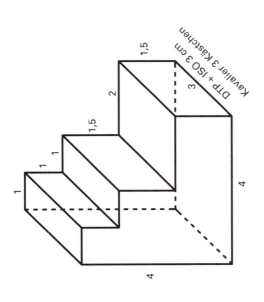

1
1 1
1,5
1,5
2
3
4
4
DTP + ISO 3 cm
Kavalier 3 Kästchen

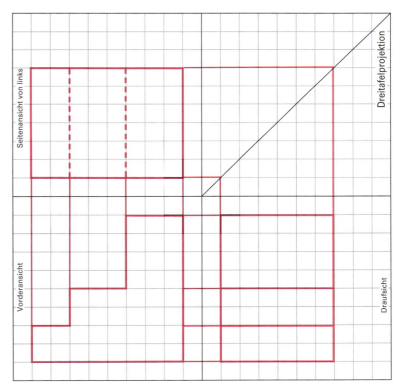

Seitenansicht von links

Vorderansicht

Dreitafelprojektion

Draufsicht

157

Zeichnen Sie den Baukörper in Dreitafelprojektion, Isometrie und Kavalierperspektive.

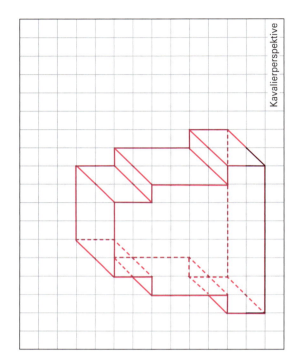

Kavalierperspektive

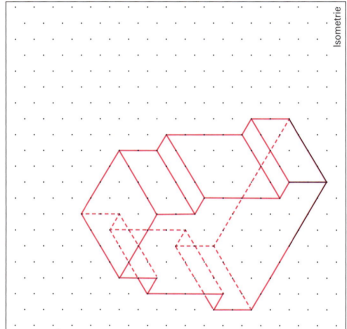

Isometrie

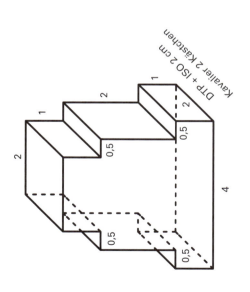

DTP + ISO 2 cm
Kavalier 2 Kästchen

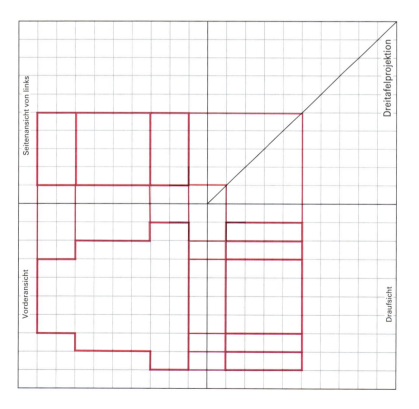

Seitenansicht von links

Vorderansicht

Dreitafelprojektion

Draufsicht

Zeichnen Sie den Baukörper in Dreitafelprojektion, Isometrie und Kavalierperspektive.

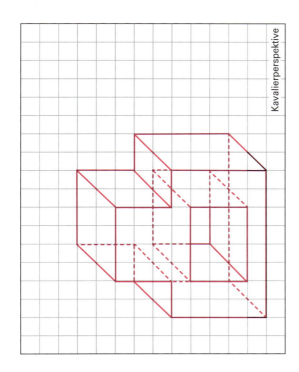

Kavalierperspektive

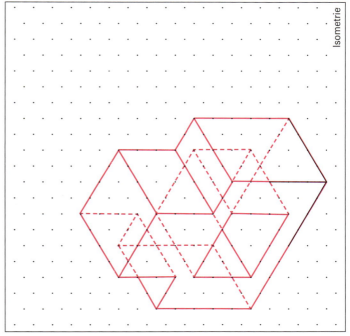

Isometrie

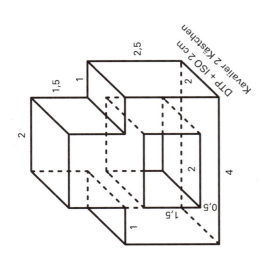

DTP + ISO 2 cm
Kavalier 2 Kästchen

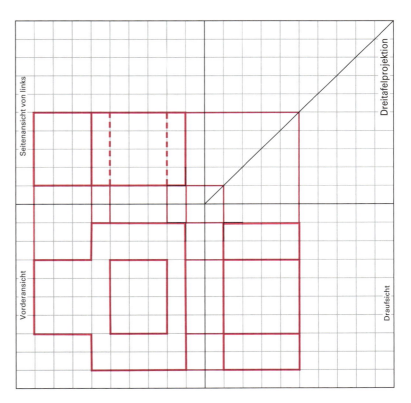

Seitenansicht von links

Vorderansicht

Dreitafelprojektion

Draufsicht

159

Zeichnen Sie den Baukörper in Dreitafelprojektion, Isometrie und Kavalierperspektive.

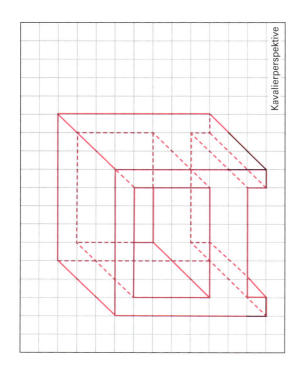

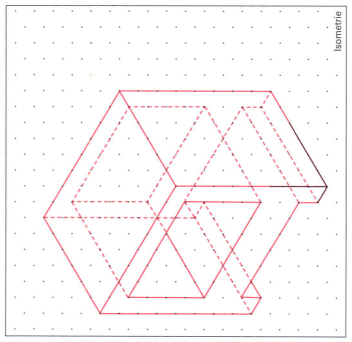

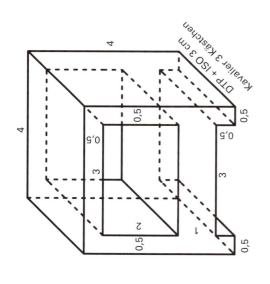

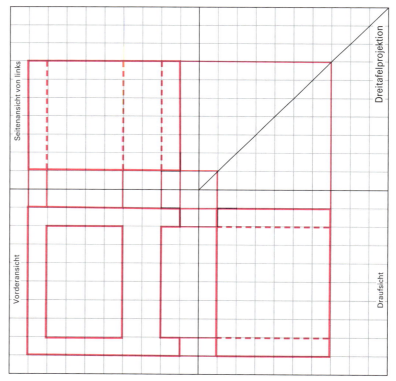

Zeichnen von Baukörpern 4

 Zeichnen Sie den Baukörper in Dreitafelprojektion, Isometrie und Kavalierperspektive.

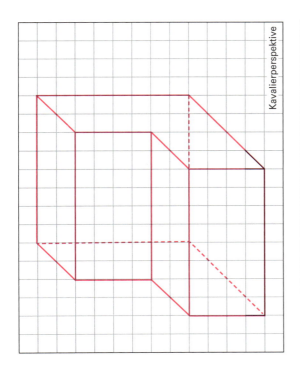

Kavalierperspektive

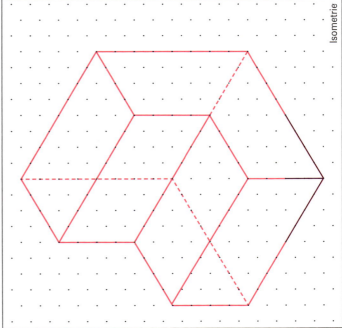

Isometrie

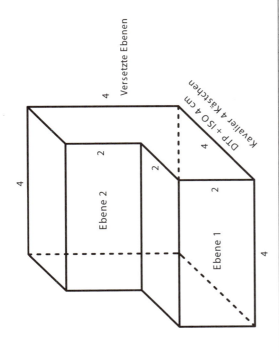

Versetzte Ebenen

4

2

Ebene 2

4

2

2

Ebene 1

4

4

DTP + ISO 4 cm
Kavalier 4 Kästchen

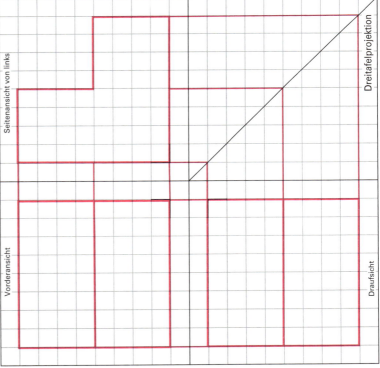

Dreitafelprojektion

Seitenansicht von links

Vorderansicht

Draufsicht

Zeichnen von Baukörpern 4

Zeichnen Sie den Baukörper in Dreitafelprojektion, Isometrie und Kavalierperspektive.

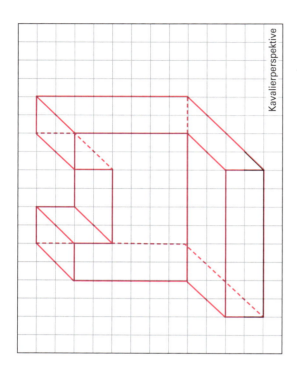

Kavalierperspektive

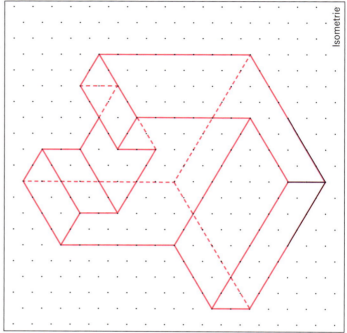

Isometrie

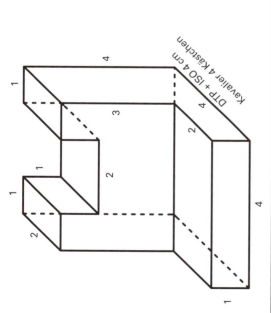

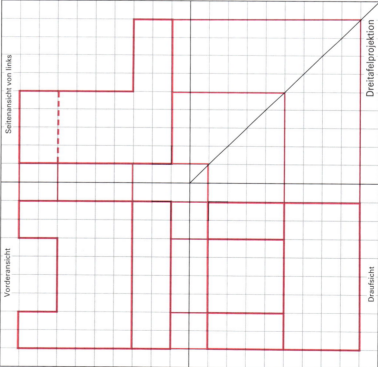

Seitenansicht von links

Vorderansicht

Dreitafelprojektion

Draufsicht

Zeichnen Sie den Baukörper in Dreitafelprojektion, Isometrie und Kavalierperspektive.

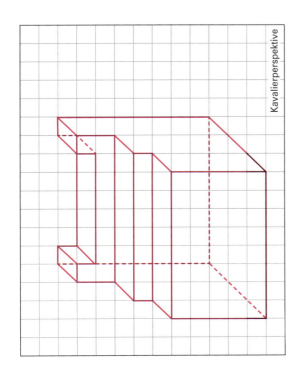

Kavalierperspektive

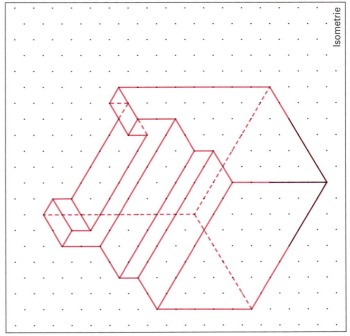

Isometrie

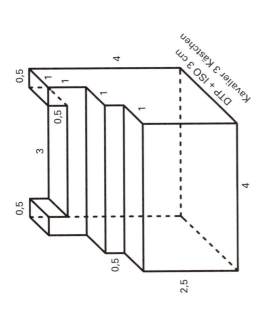

DTP + ISO 3 cm
Kavalier 3 Kästchen

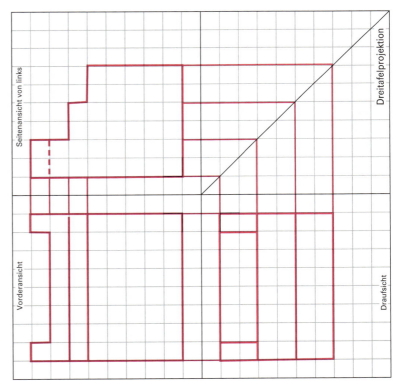

Seitenansicht von links

Vorderansicht

Dreitafelprojektion

Draufsicht

163

Zeichnen Sie den Baukörper in Dreitafelprojektion, Isometrie und Kavalierperspektive.

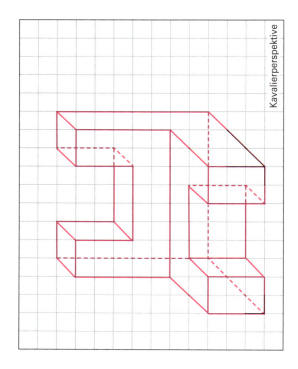

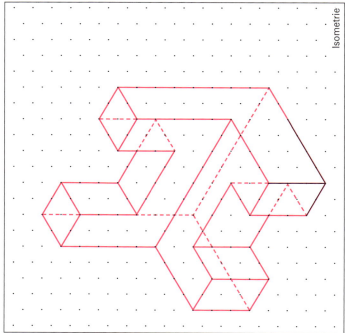

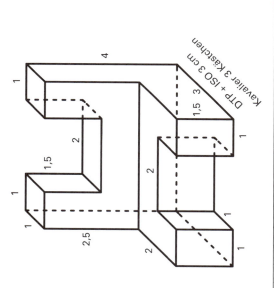

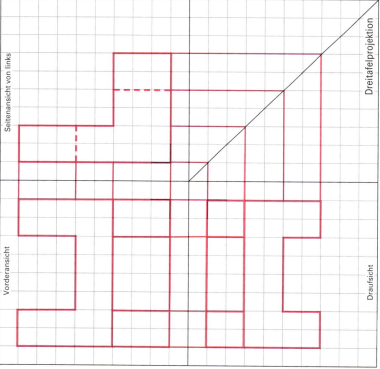

Zeichnen von Baukörpern 6

Zeichnen Sie den Baukörper in Dreitafelprojektion, Isometrie und Kavalierperspektive.

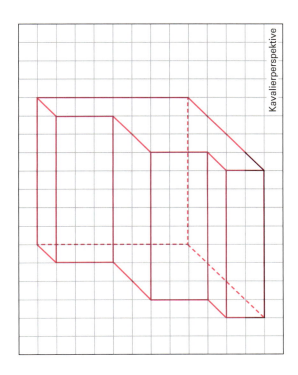

Kavalierperspektive

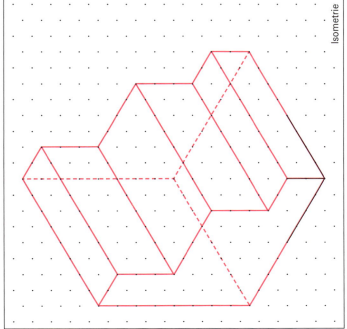

Isometrie

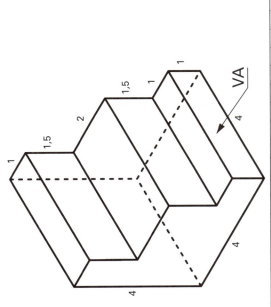

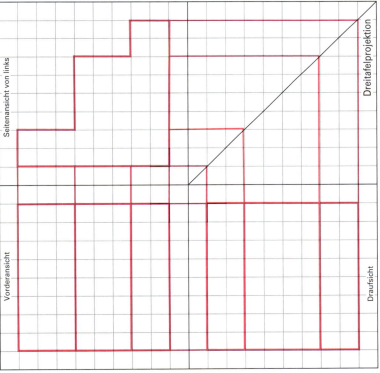

Seitenansicht von links

Vorderansicht

Dreitafelprojektion

Draufsicht

VA

165

Zeichnen Sie den Baukörper in Dreitafelprojektion, Isometrie und Kavalierperspektive.

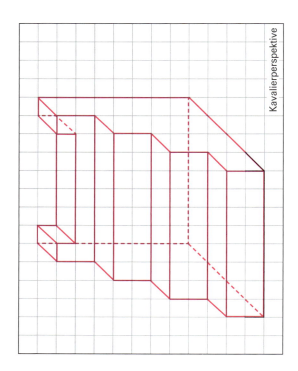

Kavalierperspektive

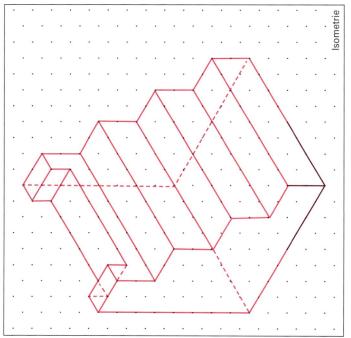

Isometrie

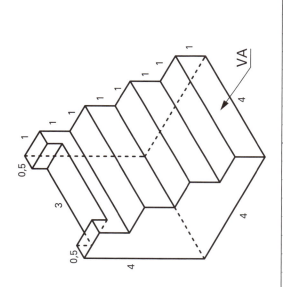

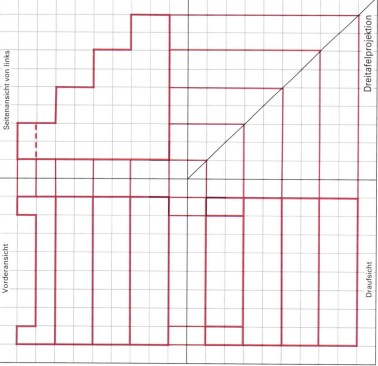

Seitenansicht von links

Vorderansicht

Dreitafelprojektion

Draufsicht

Zeichnen Sie den Baukörper in Dreitafelprojektion, Isometrie und Kavalierperspektive.

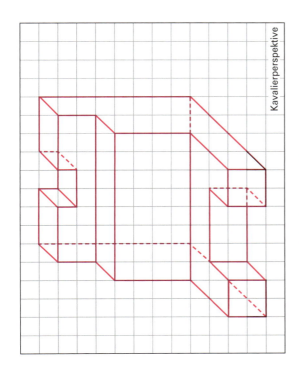

Kavalierperspektive

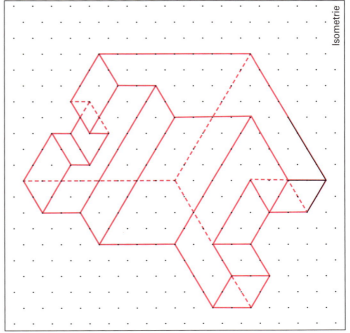

Isometrie

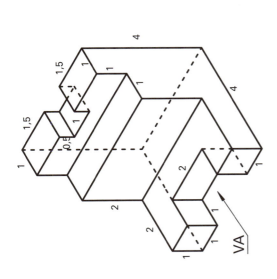

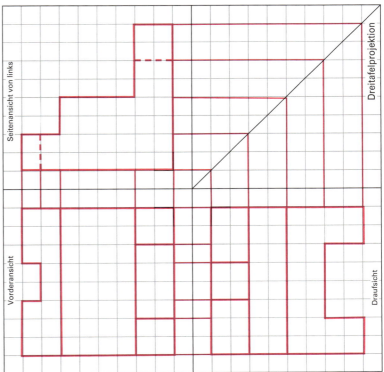

Seitenansicht von links

Vorderansicht

Dreitafelprojektion

Draufsicht

Zeichnen von Baukörpern 7

Zeichnen Sie den Baukörper in Dreitafelprojektion, Isometrie und Kavalierperspektive.

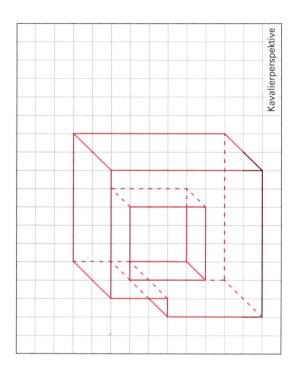

Kavalierperspektive

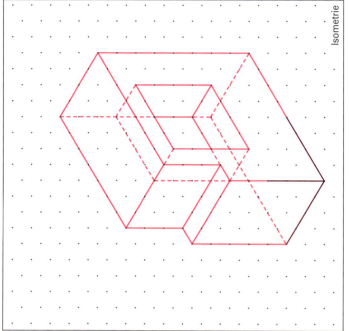

Isometrie

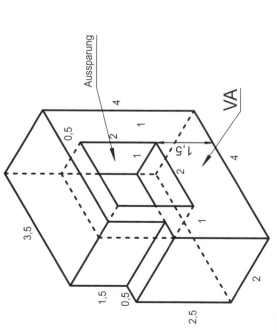

Aussparung

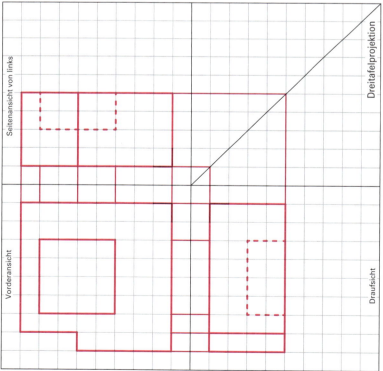

Dreitafelprojektion

Zeichnen Sie den Baukörper in Dreitafelprojektion, Isometrie und Kavalierperspektive.

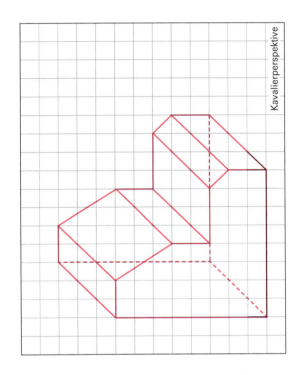

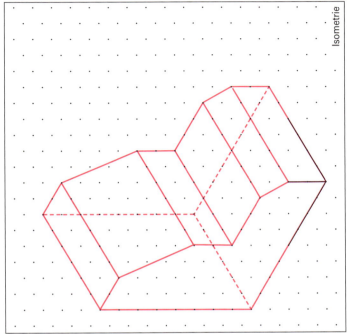

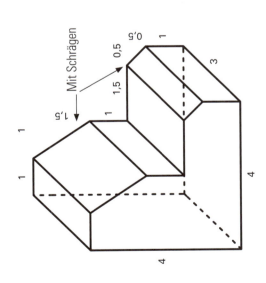

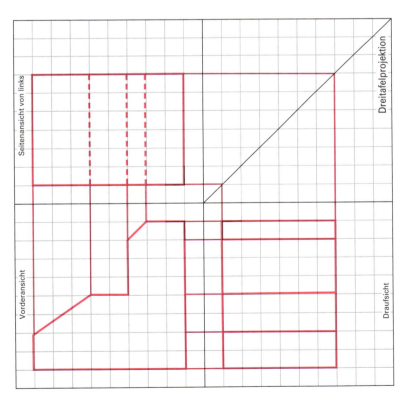

169

Zeichnen Sie den Baukörper in Dreitafelprojektion, Isometrie und Kavalierperspektive.

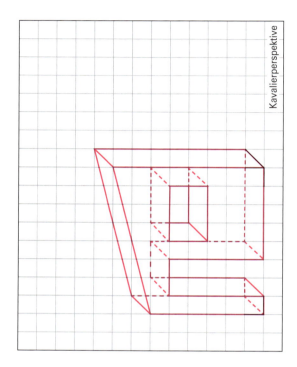

Kavalierperspektive

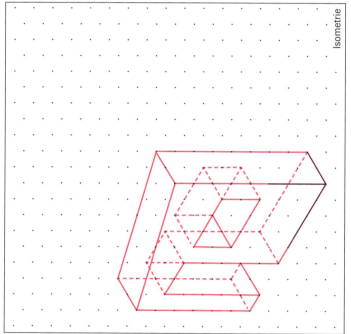

Isometrie

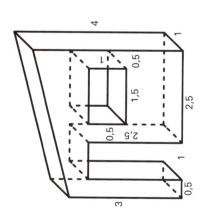

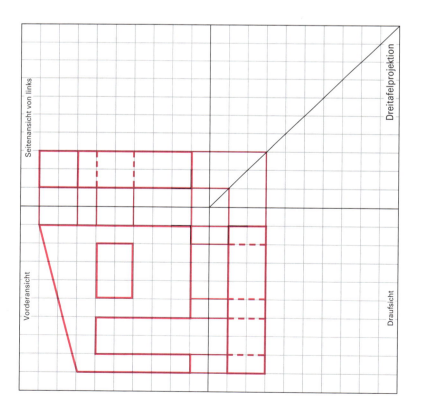

Seitenansicht von links

Dreitafelprojektion

Vorderansicht

Draufsicht

Name:

Klasse:

Datum:

Fach:

 Zeichnen Sie den Baukörper in Dreitafelprojektion, Isometrie und Kavalierperspektive.

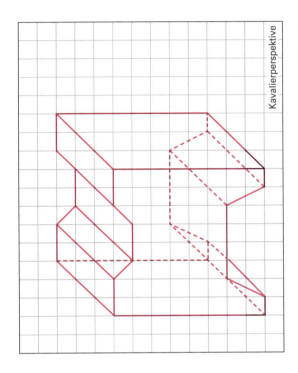

Kavalierperspektive

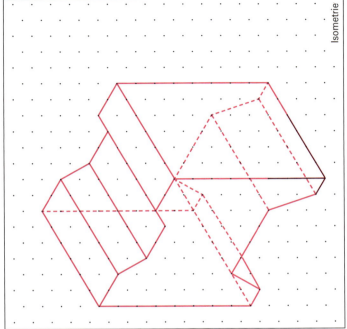

Isometrie

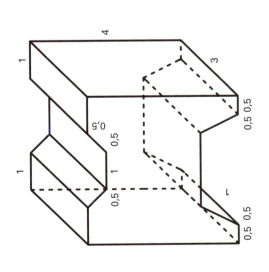

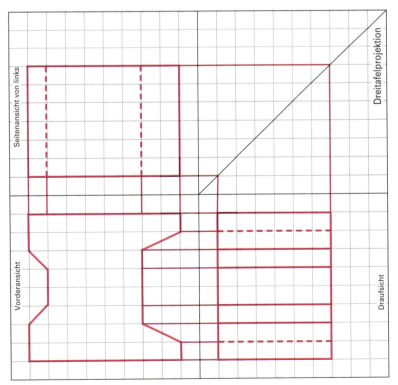

Seitenansicht von links

Vorderansicht

Dreitafelprojektion

Draufsicht

Zeichnen Sie den Baukörper in Dreitafelprojektion, Isometrie und Kavalierperspektive.

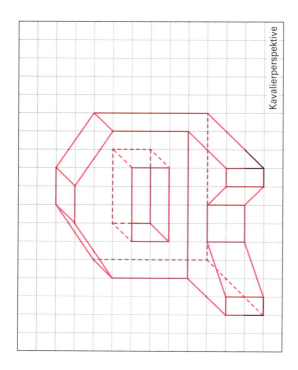

Kavalierperspektive

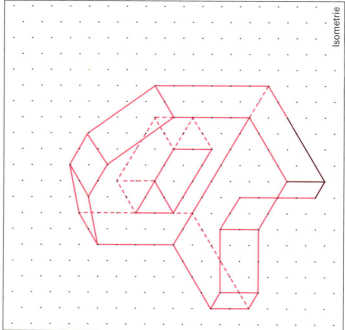

Isometrie

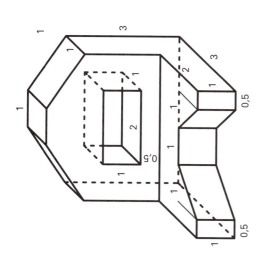

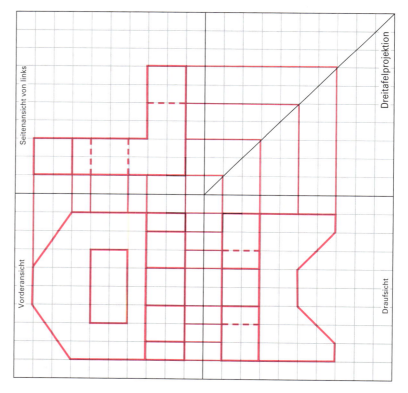

Seitenansicht von links

Dreitafelprojektion

Vorderansicht

Draufsicht

Zeichnen Sie den Baukörper in Dreitafelprojektion, Isometrie und Kavalierperspektive.

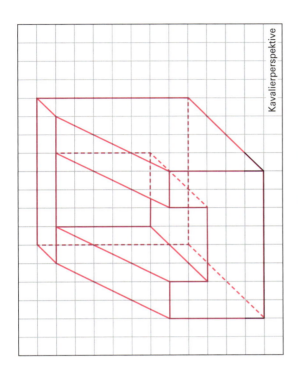

Kavalierperspektive

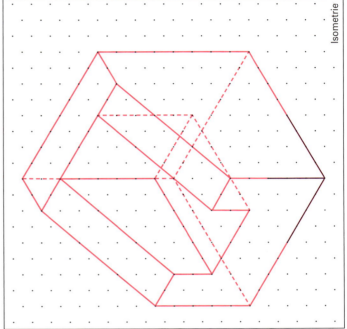

Isometrie

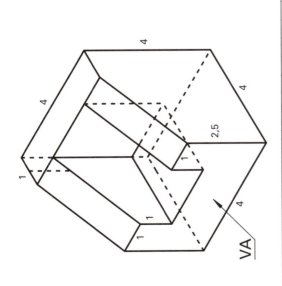

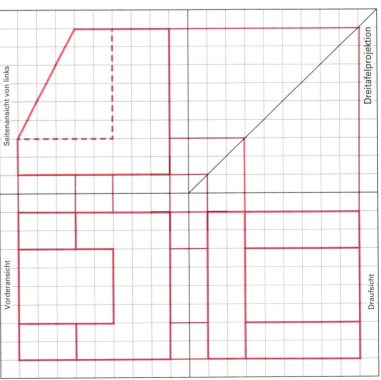

Seitenansicht von links

Vorderansicht

Dreitafelprojektion

Draufsicht

Zeichnen Sie den Baukörper in Dreitafelprojektion, Isometrie und Kavalierperspektive.

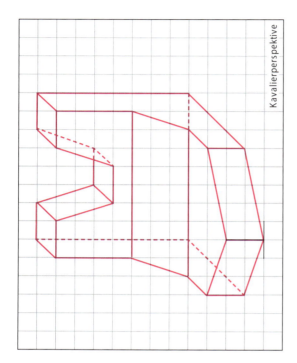

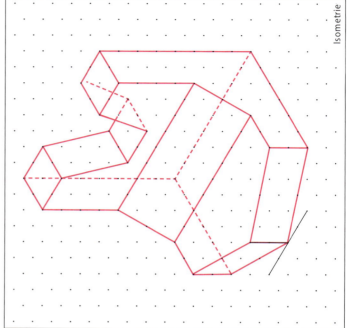

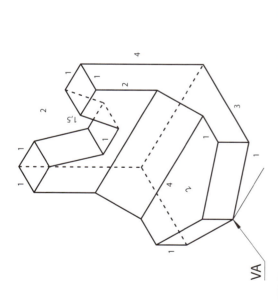

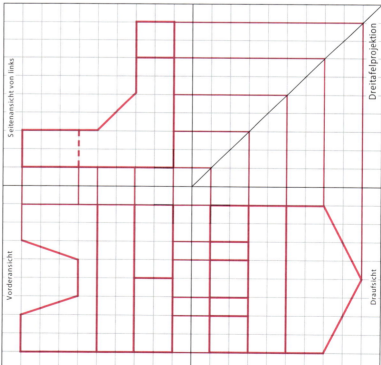

Mauerverbände 1

Kleinformatige Steine

Name:

Klasse:

Datum:

Fach:

Kleinformatige Steine werden auf den Baustellen durch mittel- und großformatige Steine verdrängt. Mit klein-
formatigen Steinen kann man jedoch die grundlegenden Regeln der Verbandskunde erlernen. Auch in der überbe-
trieblichen Ausbildung und in den praktischen Prüfungen werden sie verwendet.

Man unterscheidet 4 Verbände:

Binderverband ....

Läuferverband ....

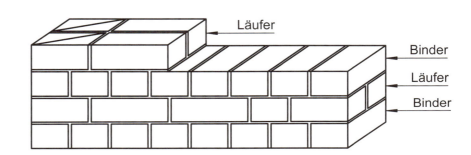

Blockverband ....

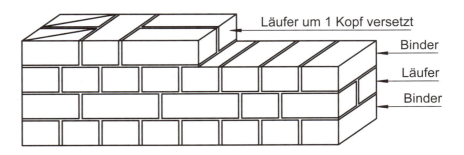

Kreuzverband ....

Die Mindestüberdeckung der Mauersteine
beträgt nach Norm: Steinhöhe x 0,4
oder mindestens 4,5 cm.
Mit der Viertelsteinüberdeckung
von 6,25 cm ist die Norm immer erfüllt.

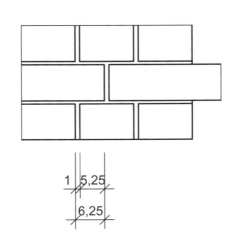

Mauerverbände 1
Kleinformatige Steine

Name:

Klasse:

Datum:

Fach:

Zeichnerische Darstellung der Mauerverbände

Auf handelsüblichem kariertem Papier lassen sich Mauerverbände sehr gut zeichnen.
Die Kästchengröße beträgt 5mm. In diesem Buch wird die Kästchengröße von 2,5mm verwendet.

Kästchengröße 5mm

Kästchengröße 2,5mm

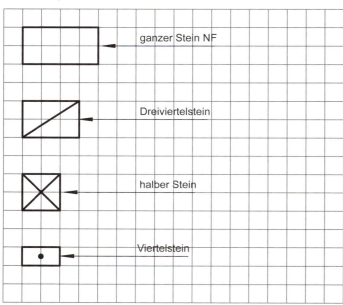

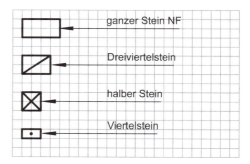

Beispiel:

Kästchengröße 5mm

Kästchengröße 2,5mm

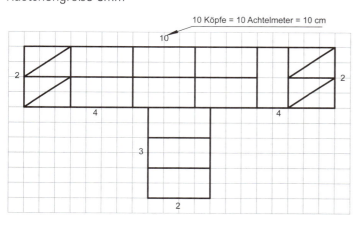

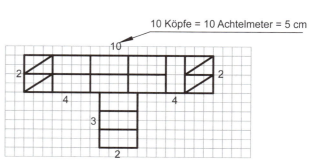

Vorteil der Kästchengröße 2,5mm:

- Deutlich geringerer Platzbedarf
- alle Aufgaben können auf den vorbereiteten Arbeitsblättern gelöst werden
- das Zeichnen der Umrisse auf kariertem Papier entfällt.

Da bei allen Aufgaben die Kopfzahlen (Achtelmeter) angegeben sind, lassen sich alle Aufgaben auch auf kariertem Papier zeichnen und lösen.

Name:

Klasse:

Datum:

Fach:

Für alle Formelblätter und Aufgaben gilt: keine Fugendeckung zulässig !

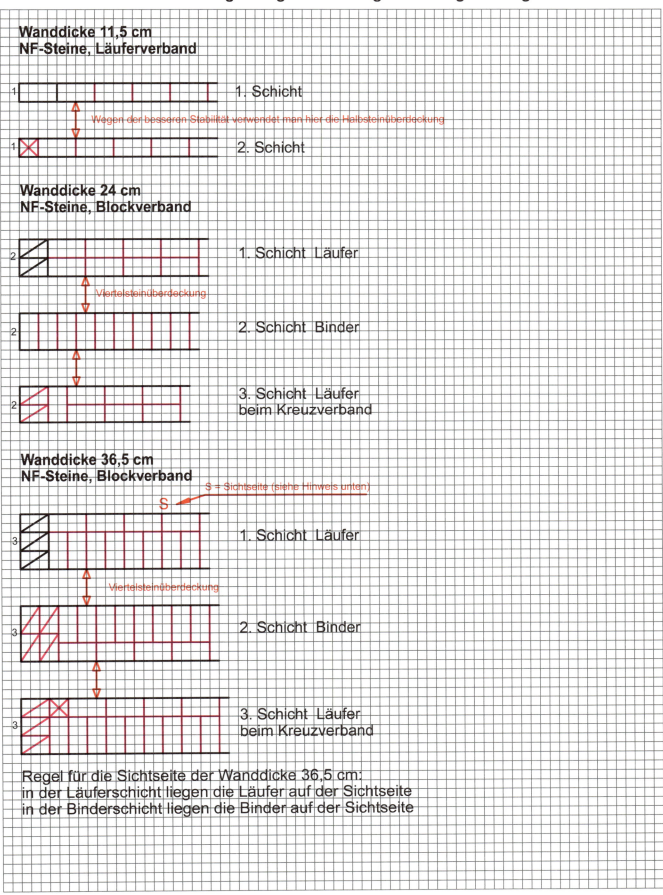

Wanddicke 11,5 cm
NF-Steine, Läuferverband

1   1. Schicht

Wegen der besseren Stabilität verwendet man hier die Halbsteinüberdeckung

1   2. Schicht

Wanddicke 24 cm
NF-Steine, Blockverband

2   1. Schicht   Läufer

Viertelsteinüberdeckung

2   2. Schicht   Binder

2   3. Schicht   Läufer
beim Kreuzverband

Wanddicke 36,5 cm
NF-Steine, Blockverband

S = Sichtseite (siehe Hinweis unten)

S

3   1. Schicht   Läufer

Viertelsteinüberdeckung

3   2. Schicht   Binder

3   3. Schicht   Läufer
beim Kreuzverband

Regel für die Sichtseite der Wanddicke 36,5 cm:
in der Läuferschicht liegen die Läufer auf der Sichtseite
in der Binderschicht liegen die Binder auf der Sichtseite

Mauerverbände 3

Aufgaben zu Mauerenden

Tragen Sie die Verbandslösungen ein. Alle Steine NF.

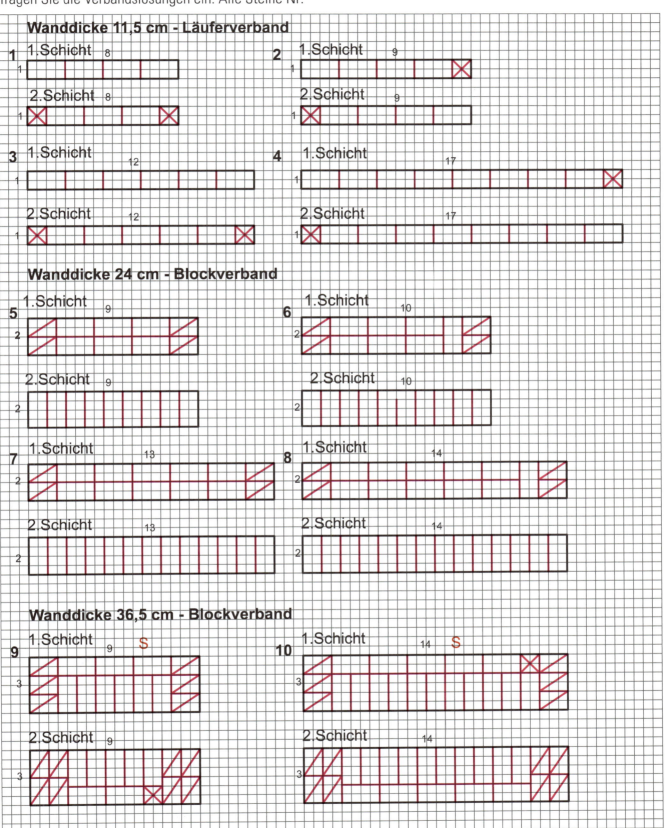

Wanddicke 11,5 cm - Läuferverband

1   1.Schicht   8

   2.Schicht   8

2   1.Schicht   9

   2.Schicht   9

3   1.Schicht   12

   2.Schicht   12

4   1.Schicht   17

   2.Schicht   17

Wanddicke 24 cm - Blockverband

5   1.Schicht   9

   2.Schicht   9

6   1.Schicht   10

   2.Schicht   10

7   1.Schicht   13

   2.Schicht   13

8   1.Schicht   14

   2.Schicht   14

Wanddicke 36,5 cm - Blockverband

9   1.Schicht   9   S

   2.Schicht   9

10   1.Schicht   14   S

   2.Schicht   14

Mauerverbände 3
Aufgaben zu Mauerenden

Name:

Klasse:

Datum:

Fach:

Tragen Sie die Verbandslösungen ein. Alle Steine NF.

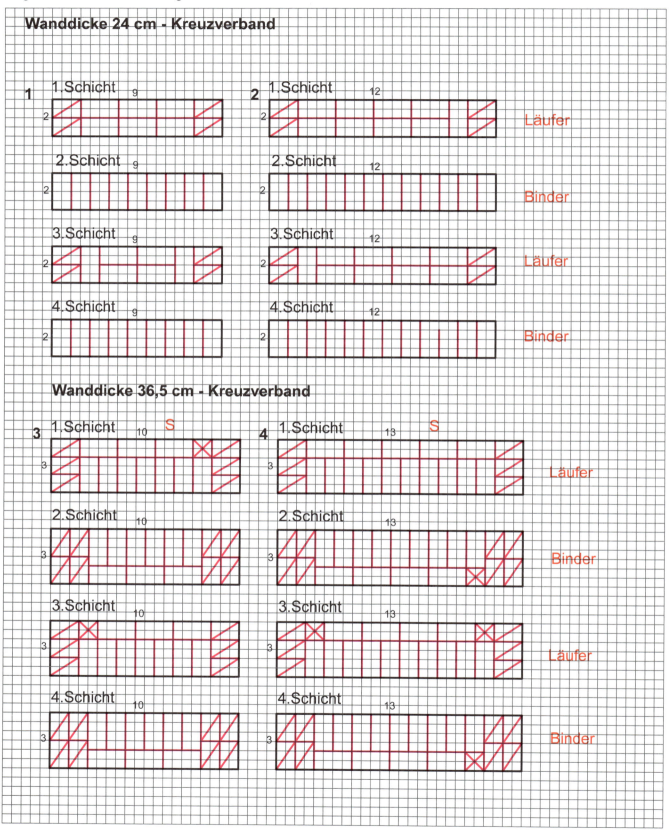

Wanddicke 24 cm - Kreuzverband

1   1.Schicht   9   Läufer

2.Schicht   9   Binder

3.Schicht   9   Läufer

4.Schicht   9   Binder

2   1.Schicht   12   Läufer

2.Schicht   12   Binder

3.Schicht   12   Läufer

4.Schicht   12   Binder

Wanddicke 36,5 cm - Kreuzverband

3   1.Schicht   10   S   Läufer

2.Schicht   10   Binder

3.Schicht   10   Läufer

4.Schicht   10   Binder

4   1.Schicht   13   S   Läufer

2.Schicht   13   Binder

3.Schicht   13   Läufer

4.Schicht   13   Binder

Mauerverbände 4
Formelblatt Mauerecken

Name:

Klasse:

Datum:

Fach:

Mauerecke - Wanddicke 11,5 cm
NF-Steine, Läuferverband

1. Schicht

2. Schicht

Mauerecke - Wanddicke 24 cm
NF-Steine, Blockverband   -   Lösung in 3 Schritten

1.Schritt: Das Mauerstück wird abwechselnd abgeschnitten:
Die durchgehende Schicht ist eine Läuferschicht:
Die anstoßende Schicht ist eine Binderschicht.

Läufer

Binder

Binder

Läufer

1. Schicht

2. Schicht

2. Schritt: Die Mauerenden werden nach den Regeln eingesetzt.

Läufer

Binder

1. Schicht

2. Schicht

Binder

Läufer

3. Schritt: Die fehlenden Steine werden ergänzt.

Läufer

Binder

1. Schicht

2. Schicht

Binder

Läufer

Mauerverbände 4
Formelblatt Mauerecken

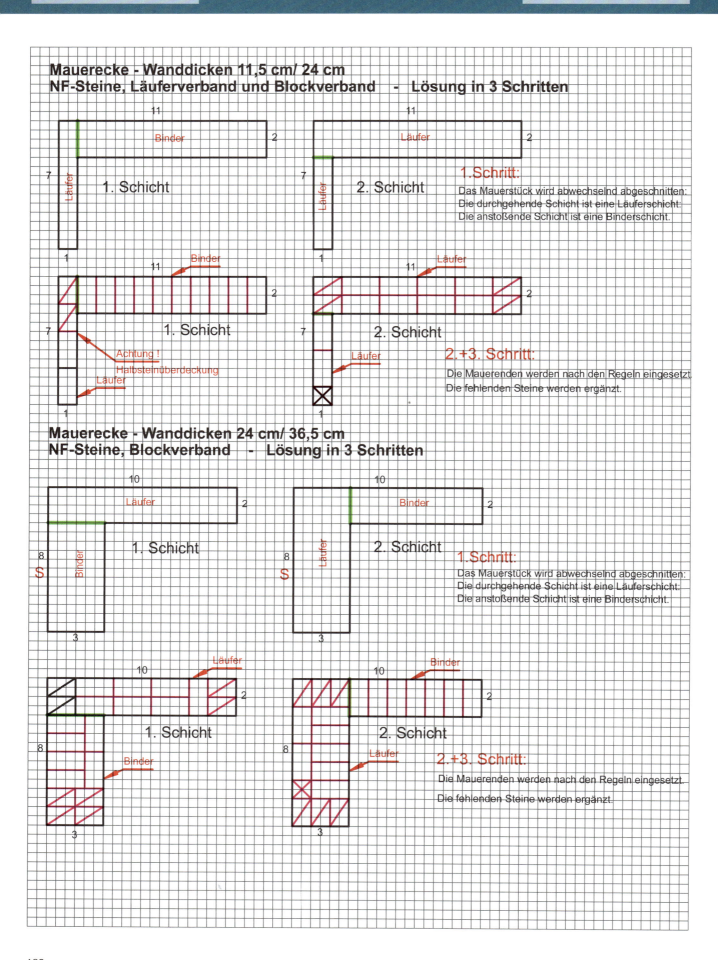

Mauerecke - Wanddicken 11,5 cm/ 24 cm
NF-Steine, Läuferverband und Blockverband   -   Lösung in 3 Schritten

11 · Binder · 2 · 7 · Läufer · 1. Schicht · 1

11 · Läufer · 2 · 7 · Läufer · 2. Schicht · 1

1.Schritt:
Das Mauerstück wird abwechselnd abgeschnitten:
Die durchgehende Schicht ist eine Läuferschicht:
Die anstoßende Schicht ist eine Binderschicht.

11 · Binder · 2 · 7 · 1. Schicht · Achtung ! · Halbsteinüberdeckung · Läufer · 1

11 · Läufer · 2 · 7 · 2. Schicht · Läufer · 1

2.+3. Schritt:
Die Mauerenden werden nach den Regeln eingesetzt
Die fehlenden Steine werden ergänzt.

Mauerecke - Wanddicken 24 cm/ 36,5 cm
NF-Steine, Blockverband   -   Lösung in 3 Schritten

10 · Läufer · 2 · 8 · S · Binder · 1. Schicht · 3

10 · Binder · 2 · 8 · S · Läufer · 2. Schicht · 3

1.Schritt:
Das Mauerstück wird abwechselnd abgeschnitten:
Die durchgehende Schicht ist eine Läuferschicht:
Die anstoßende Schicht ist eine Binderschicht.

10 · Läufer · 2 · 8 · Binder · 1. Schicht · 3

10 · Binder · 2 · 8 · Läufer · 2. Schicht · 3

2.+3. Schritt:
Die Mauerenden werden nach den Regeln eingesetzt.
Die fehlenden Steine werden ergänzt.

Name:

Klasse:

Datum:

Fach:

Tragen Sie die Verbandslösungen ein. Alle Steine NF.

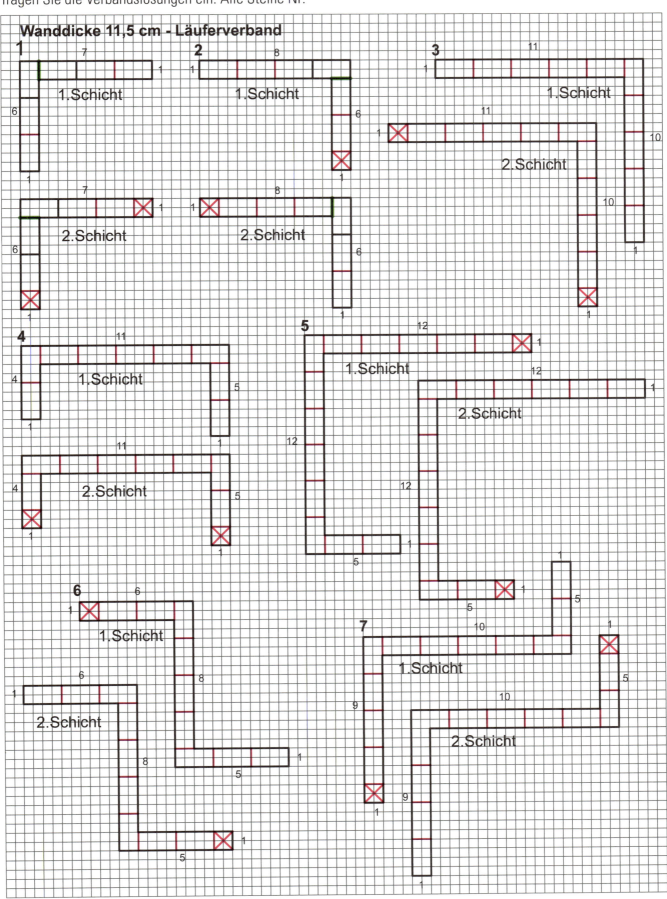

Wanddicke 11,5 cm - Läuferverband

183

Name:

Klasse:

Datum:

Fach:

Tragen Sie die Verbandslösungen ein. Alle Steine NF

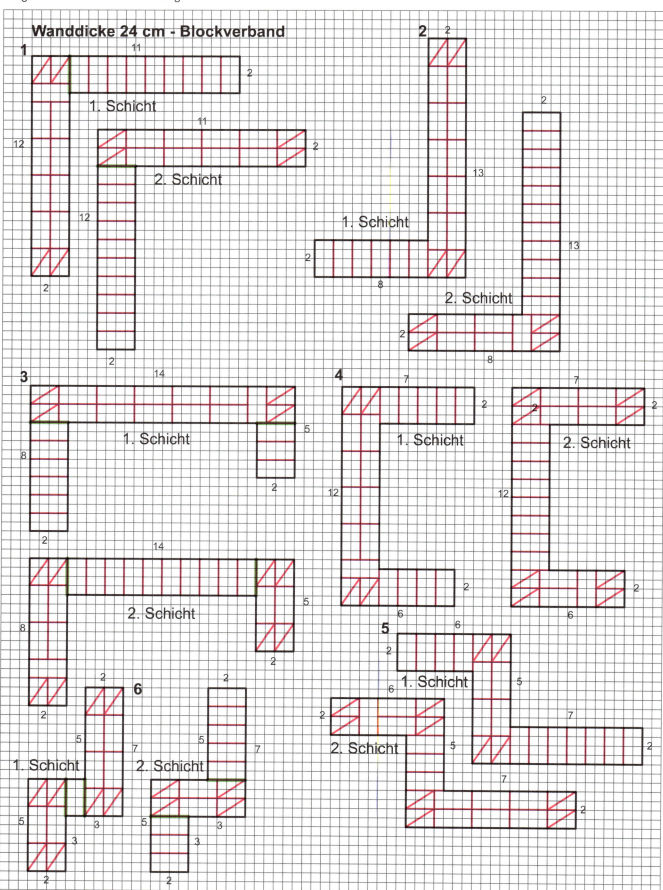

Wanddicke 24 cm - Blockverband

1. Schicht

2. Schicht

Mauerverbände 6
Aufgaben zu Mauerecken

Name:

Klasse:

Datum:

Fach:

Tragen Sie die Verbandslösungen ein. Alle Steine NF.

Wanddicke 36,5 cm - Blockverband

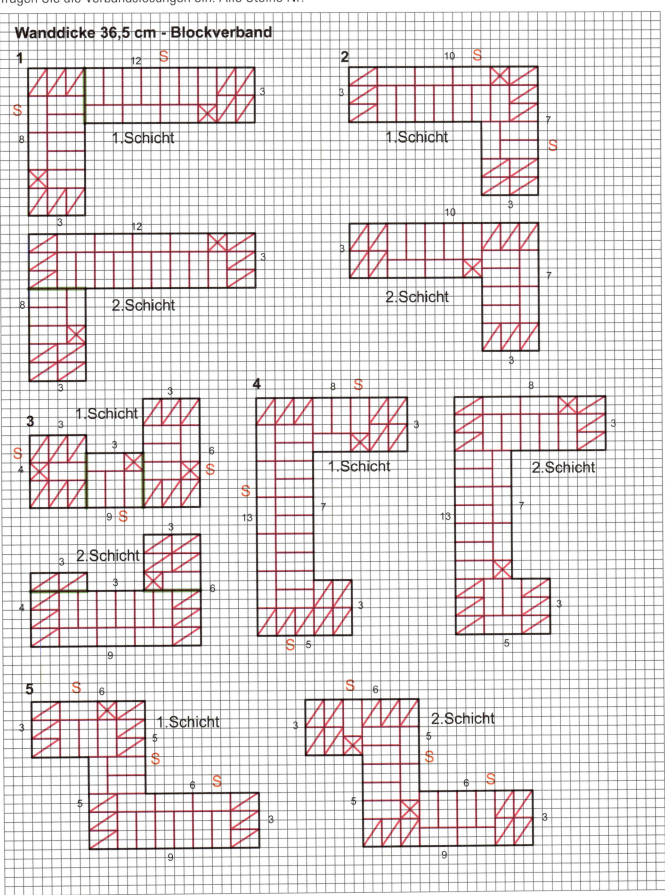

Mauerverbände 6
Aufgaben zu Mauerecken

Name:

Klasse:

Datum:

Fach:

Tragen Sie die Verbandslösungen ein. Alle Steine NF

Wanddicken 11,5cm, 24cm, 36,5 cm - Läufer- und Blockverband

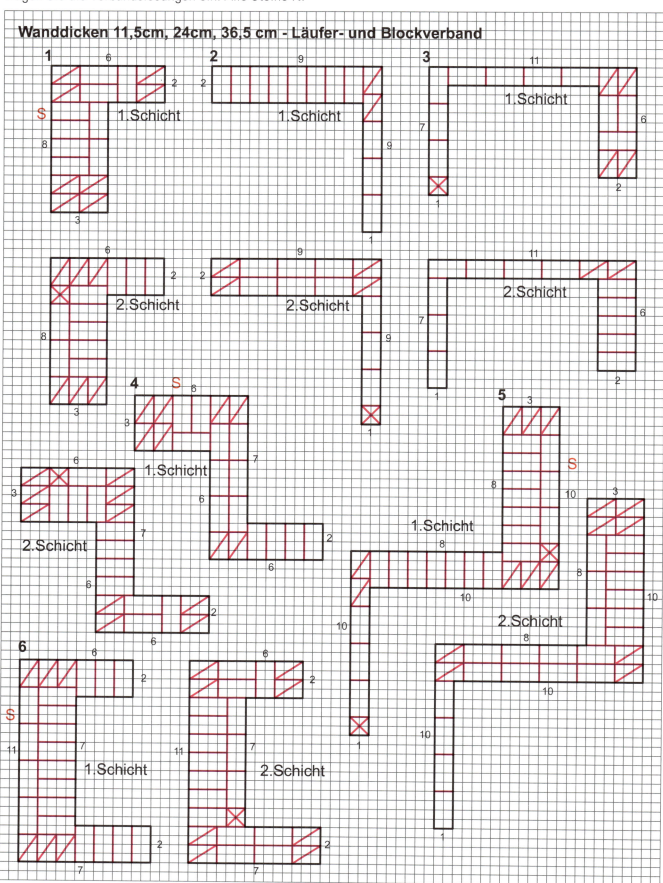

Name:

Klasse:

Datum:

Fach:

Mauerverbände 7
Formelblatt Mauerstöße

Mauerstoß - Wanddicke 11,5 cm
NF-Steine, Läuferverband

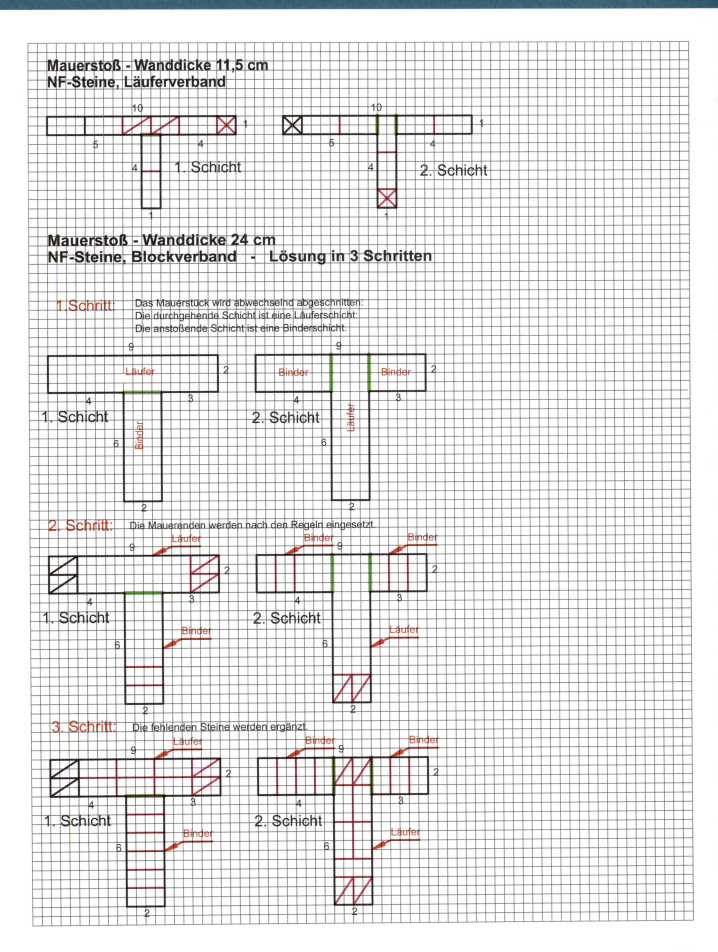

1. Schicht

2. Schicht

Mauerstoß - Wanddicke 24 cm
NF-Steine, Blockverband   -   Lösung in 3 Schritten

1.Schritt: Das Mauerstück wird abwechselnd abgeschnitten:
Die durchgehende Schicht ist eine Läuferschicht:
Die anstoßende Schicht ist eine Binderschicht.

1. Schicht   2. Schicht

2. Schritt: Die Mauerenden werden nach den Regeln eingesetzt.

1. Schicht   2. Schicht

3. Schritt: Die fehlenden Steine werden ergänzt.

1. Schicht   2. Schicht

Mauerverbände 7
Formelblatt Mauerstöße

Name:

Klasse:

Datum:

Fach:

Mauerstoß - Wanddicken 11,5 cm/ 24 cm
NF-Steine, Läuferverband und Blockverband

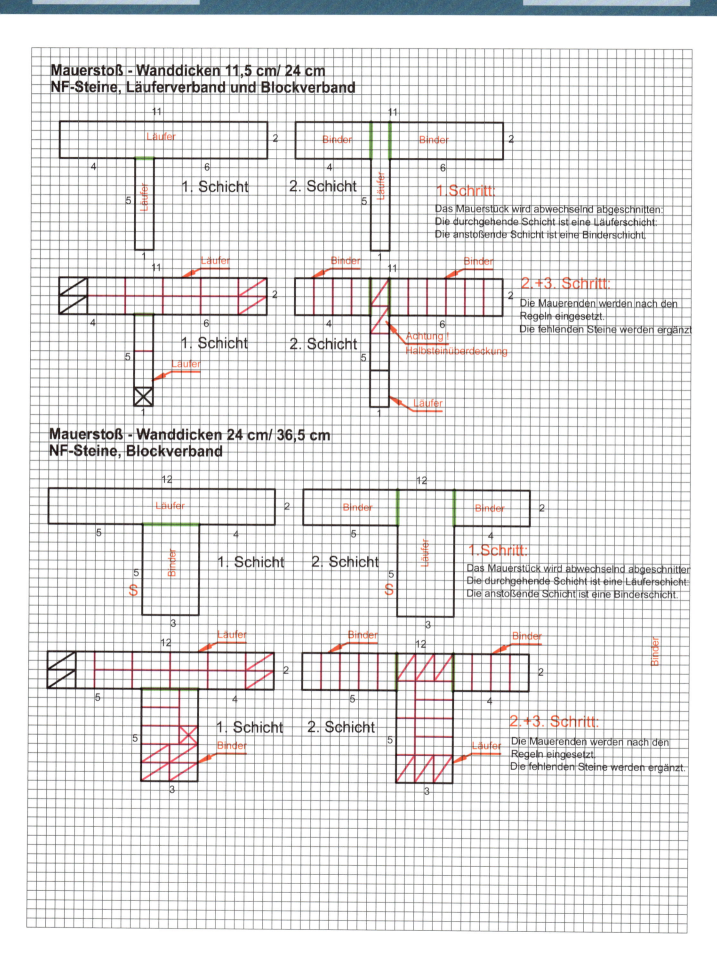

1. Schicht — Läufer

2. Schicht — Binder, Binder

1.Schritt:
Das Mauerstück wird abwechselnd abgeschnitten:
Die durchgehende Schicht ist eine Läuferschicht:
Die anstoßende Schicht ist eine Binderschicht.

2. +3. Schritt:
Die Mauerenden werden nach den Regeln eingesetzt.
Die fehlenden Steine werden ergänzt.

Achtung ! Halbsteinüberdeckung

Mauerstoß - Wanddicken 24 cm/ 36,5 cm
NF-Steine, Blockverband

1.Schritt:
Das Mauerstück wird abwechselnd abgeschnitten:
Die durchgehende Schicht ist eine Läuferschicht:
Die anstoßende Schicht ist eine Binderschicht.

2. +3. Schritt:
Die Mauerenden werden nach den Regeln eingesetzt.
Die fehlenden Steine werden ergänzt.

Name:

Klasse:

Datum:

Fach:

Trage die Verbandslösungen ein. Alle Steine NF.

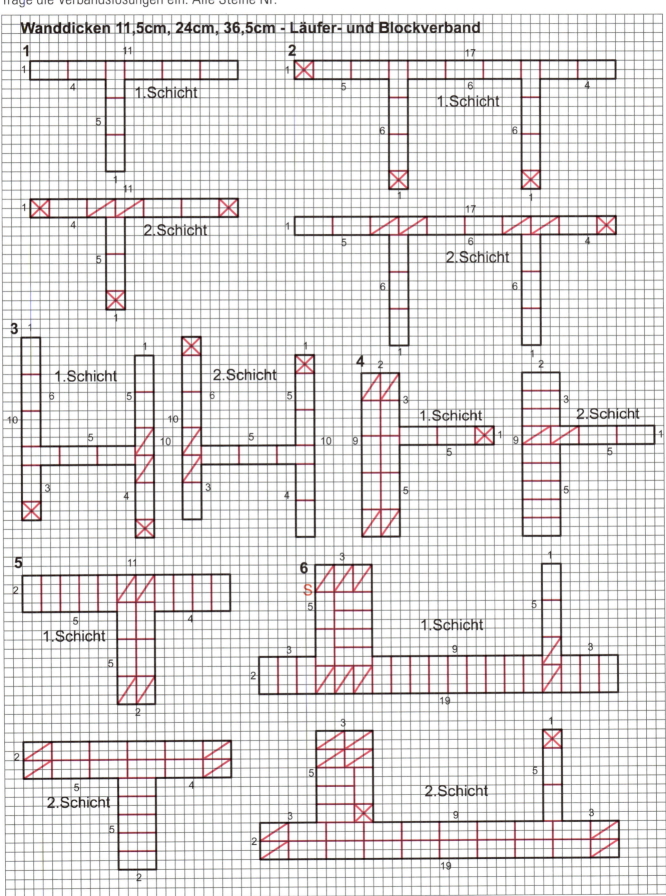

Wanddicken 11,5cm, 24cm, 36,5cm - Läufer- und Blockverband

Mauerverbände 8
Aufgaben Mauerstöße

Trage die Verbandslösungen ein. Alle Steine NF.

Wanddicken 24cm, 36,5cm - Kreuzverband

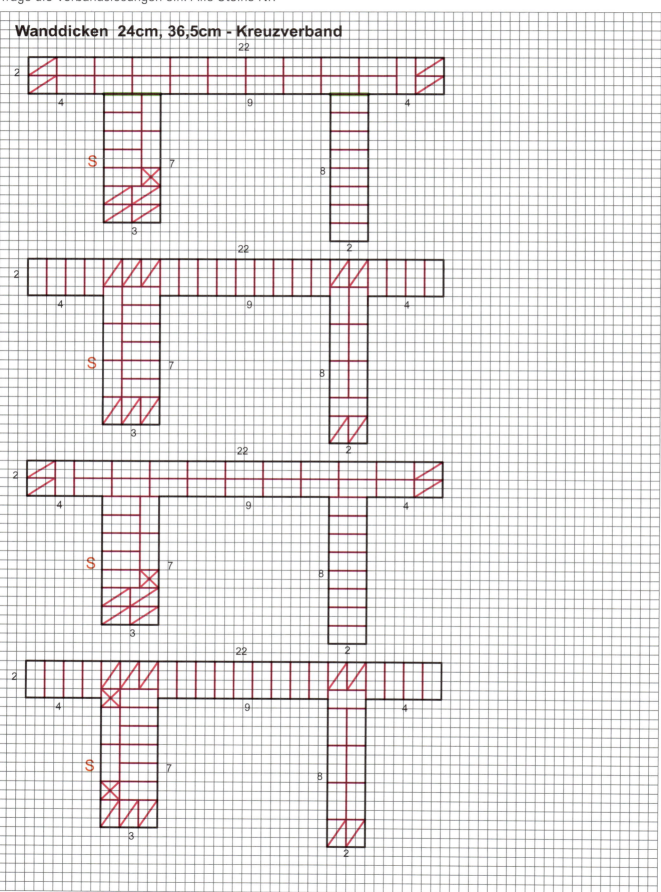

Name:

Klasse:

Mauerverbände 9
Formelblatt Mauerkreuzungen

Datum:

Fach:

Mauerkreuzung - Wanddicke 11,5 cm
NF-Steine, Läuferverband

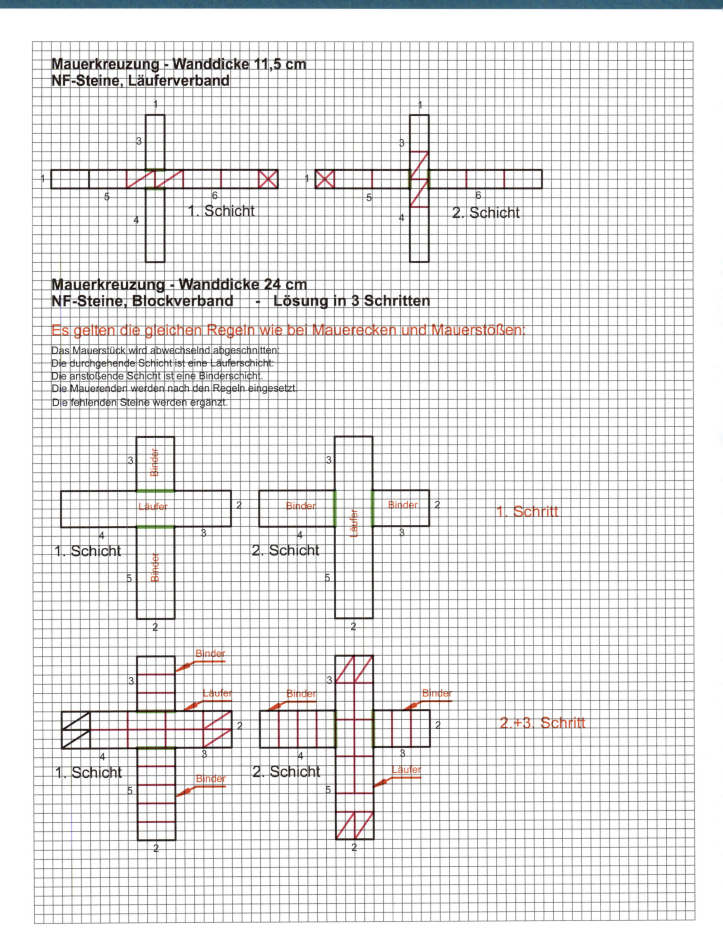

1. Schicht

2. Schicht

Mauerkreuzung - Wanddicke 24 cm
NF-Steine, Blockverband   -   Lösung in 3 Schritten

Es gelten die gleichen Regeln wie bei Mauerecken und Mauerstößen:

Das Mauerstück wird abwechselnd abgeschnitten:
Die durchgehende Schicht ist eine Läuferschicht:
Die anstoßende Schicht ist eine Binderschicht.
Die Mauerenden werden nach den Regeln eingesetzt.
Die fehlenden Steine werden ergänzt.

1. Schicht   2. Schicht   1. Schritt

1. Schicht   2. Schicht   2.+3. Schritt

Mauerverbände 9
Formelblatt Mauerkreuzungen

Name:

Klasse:

Datum:

Fach:

Mauerkreuzung - Wanddicken 11,5 cm/ 24 cm
NF-Steine, Läuferverband und Blockverband

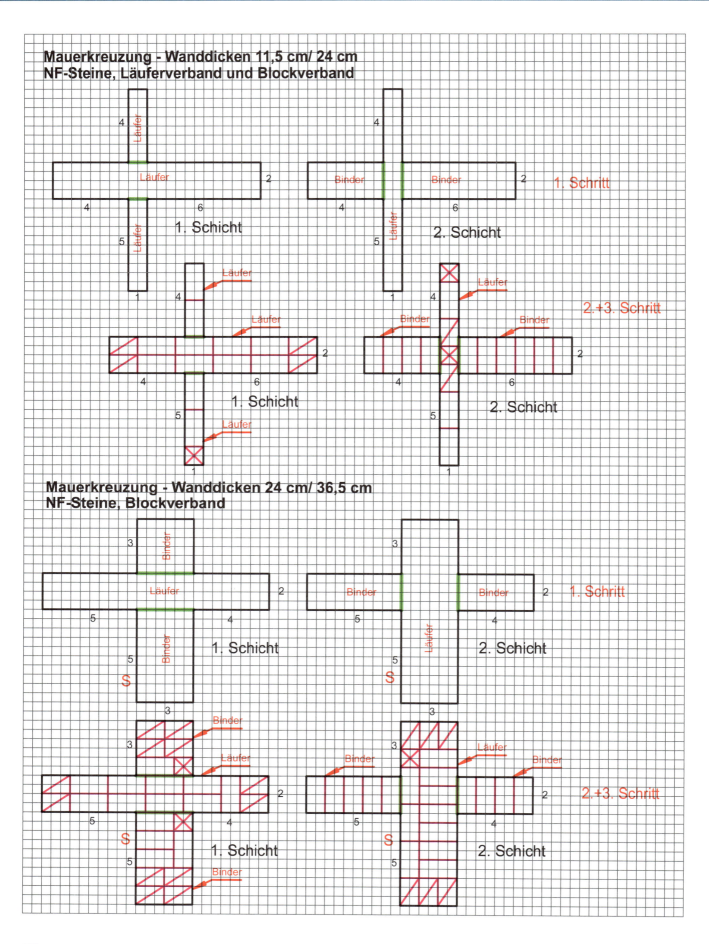

Mauerkreuzung - Wanddicken 24 cm/ 36,5 cm
NF-Steine, Blockverband

Mauerverbände 10
Aufgaben Mauerkreuzungen

Tragen Sie die Verbandslösung ein. Alle Steine NF.

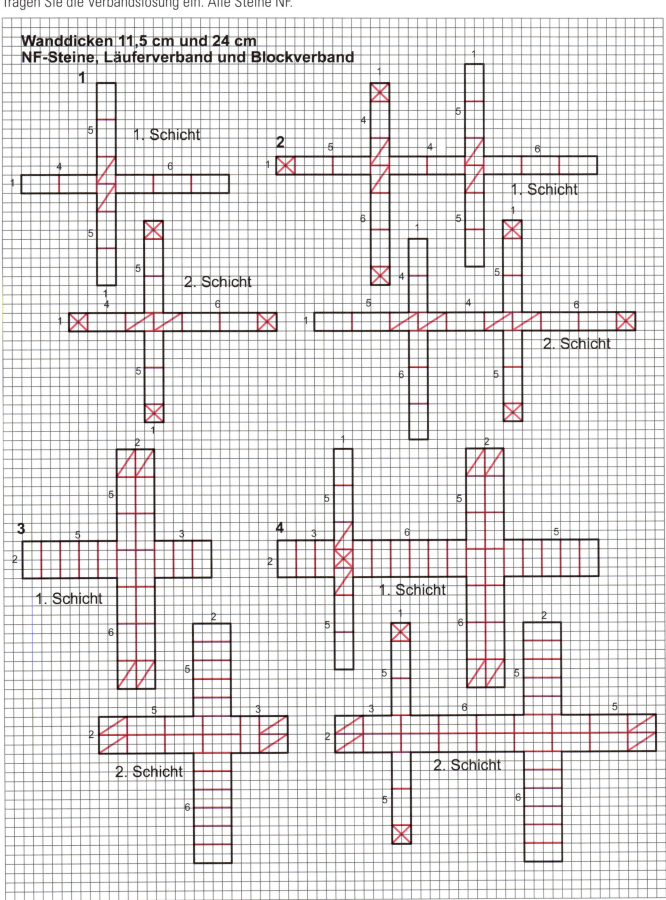

**Wanddicken 11,5 cm und 24 cm
NF-Steine, Läuferverband und Blockverband**

Mauerverbände 10
Aufgaben Mauerkreuzungen

Tragen Sie die Verbandslösung ein. Alle Steine NF.

Wanddicken 11,5 cm, 24 cm und 36,5 cm
NF-Steine - Blockverband

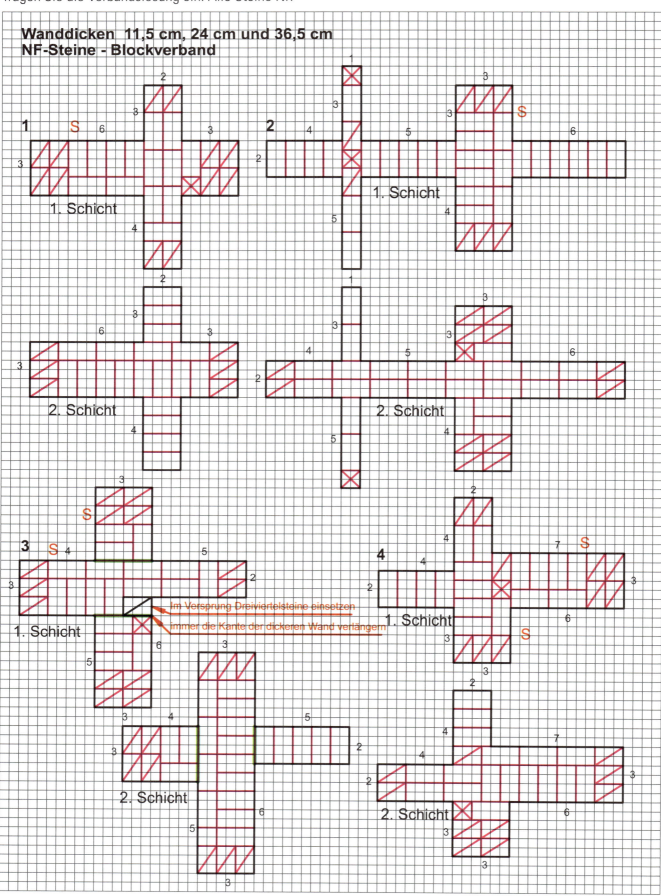

Im Versprung Dreiviertelsteine einsetzen

immer die Kante der dickeren Wand verlängern

Maueranschläge - Wanddicken 24 cm und 36,5 cm
NF-Steine, Blockverband

Regel:
In der Binderschicht wird der Anschlag an das Mauerende angehängt.
In der Läuferschicht wird der Anschlag eingebunden.

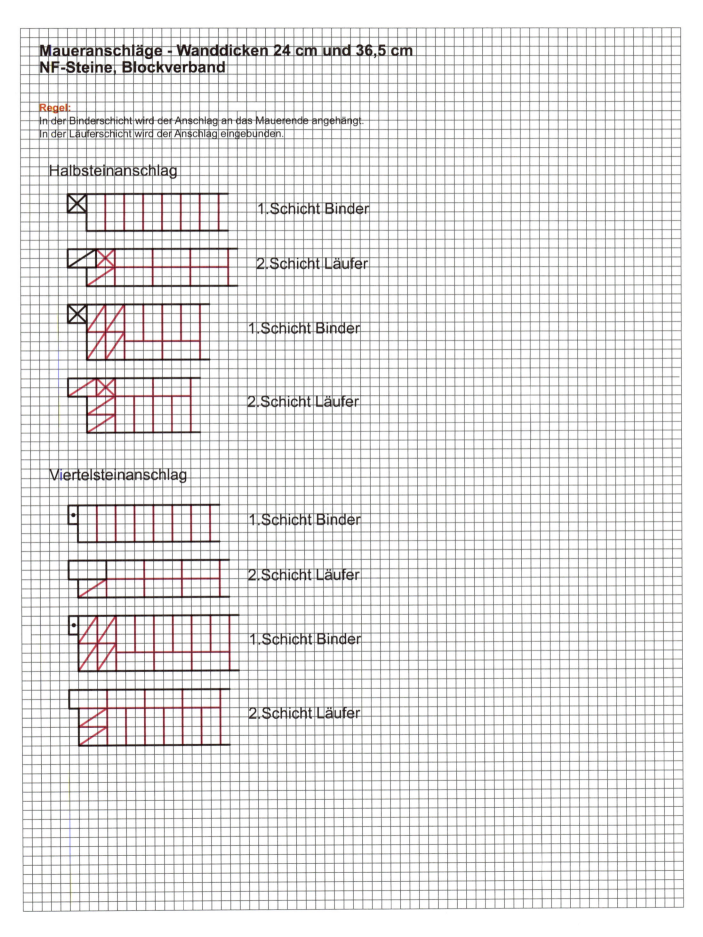

Halbsteinanschlag

1.Schicht Binder

2.Schicht Läufer

1.Schicht Binder

2.Schicht Läufer

Viertelsteinanschlag

1.Schicht Binder

2.Schicht Läufer

1.Schicht Binder

2.Schicht Läufer

Mauerverbände 11

Formelblatt Mauernischen, Mauervorlagen

Name:

Klasse:

Datum:

Fach:

Mauernischen und Mauervorlagen - Wanddicken 24 cm und 36,5 cm
NF-Steine, Blockverband

Regel Mauernische:

Die Läuferschicht geht durch.
In der Binderschicht wird die Nische abgeschnitten und mit Steinen ausgefüllt.

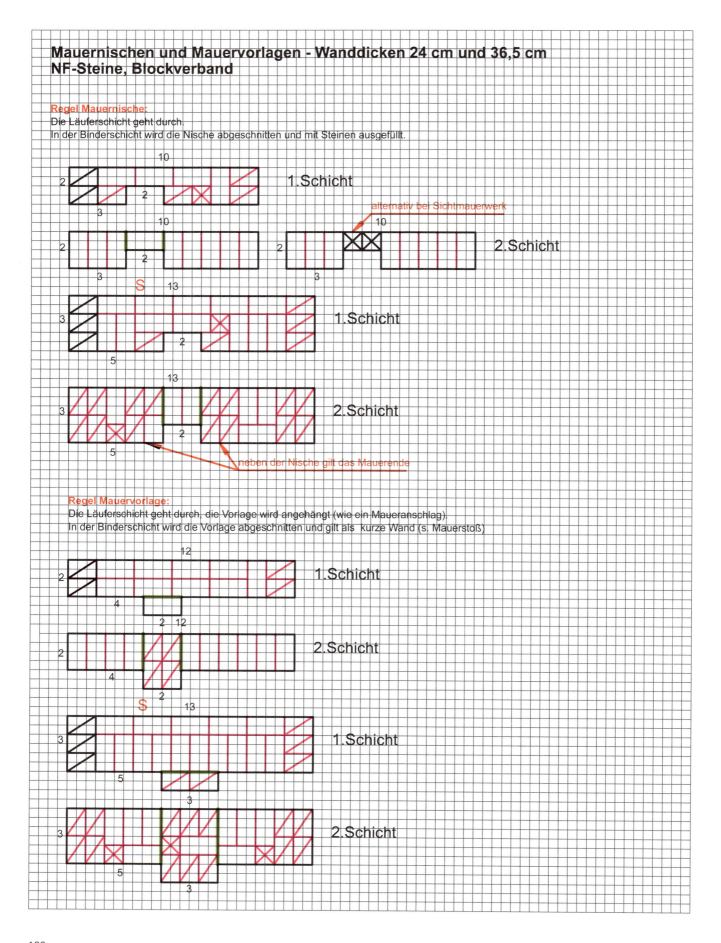

Regel Mauervorlage:

Die Läuferschicht geht durch, die Vorlage wird angehängt (wie ein Maueranschlag).
In der Binderschicht wird die Vorlage abgeschnitten und gilt als kurze Wand (s. Mauerstoß)

Mauerverbände 12
Aufgaben Maueranschläge

Name:

Klasse:

Datum:

Fach:

Tragen Sie die Verbandslösung ein. Alle Steine NF.

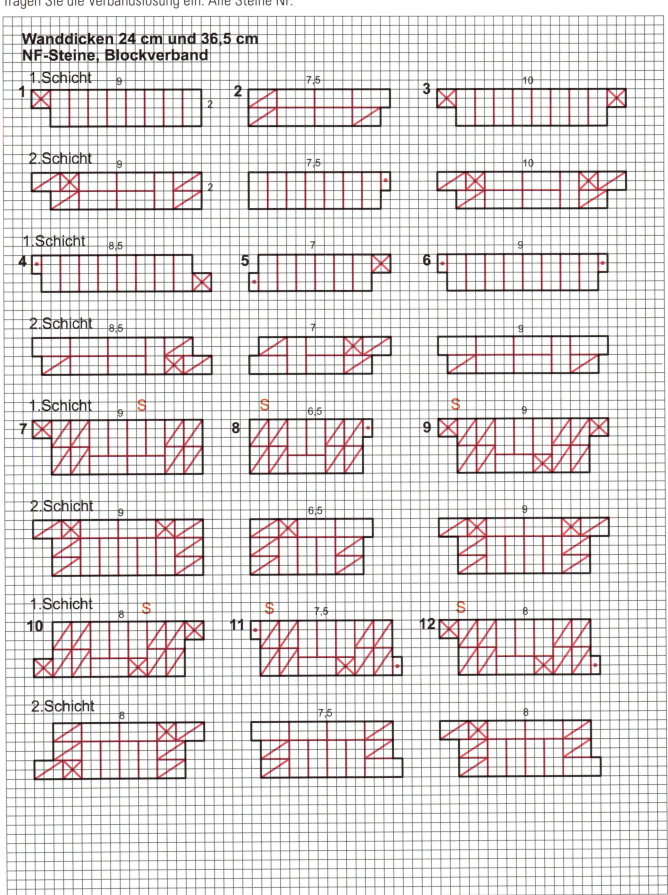

Wanddicken 24 cm und 36,5 cm
NF-Steine, Blockverband

Mauerverbände 12
Aufgaben Mauernischen, Mauervorlagen

Tragen Sie die Verbandslösung ein. Alle Steine NF.

Wanddicken 24 cm und 36,5 cm
NF-Steine, Blockverband

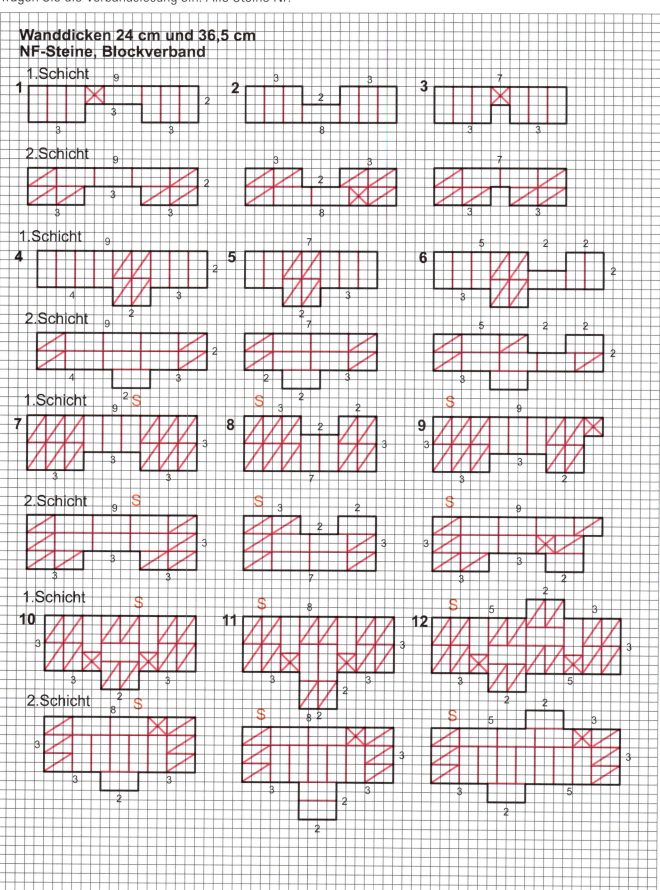

Mauerverbände 13
Gemischte Aufgaben

Tragen Sie die Verbandslösung ein. Alle Steine NF.

Wanddicken 11,5 cm, 24 cm und 36,5 cm
NF-Steine, Läuferverband und Blockverband

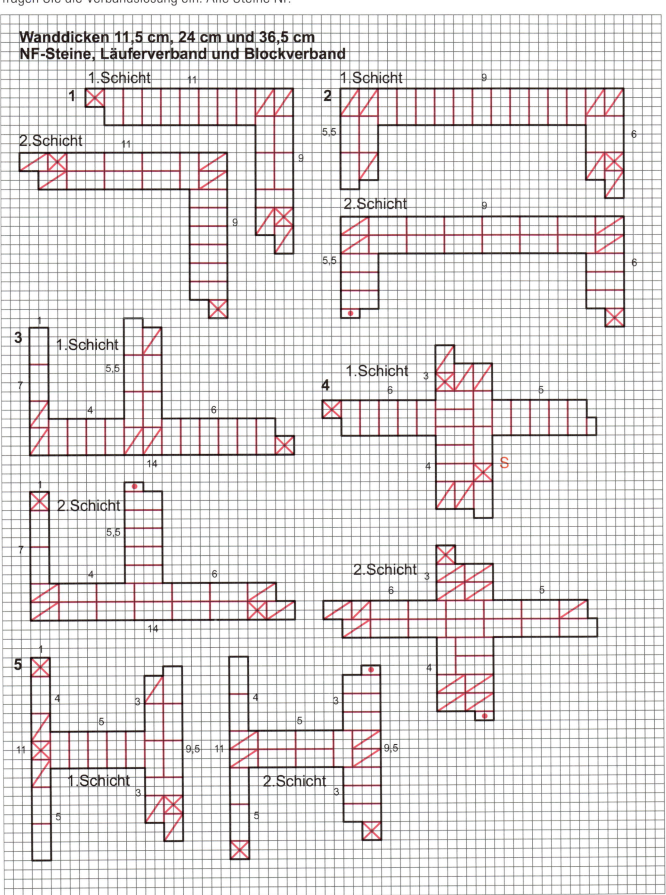

Mauerverbände 13
Gemischte Aufgaben

Name:

Klasse:

Datum:

Fach:

Wanddicken 11,5 cm, 24 cm und 36,5 cm
NF-Steine, Läuferverband und Blockverband

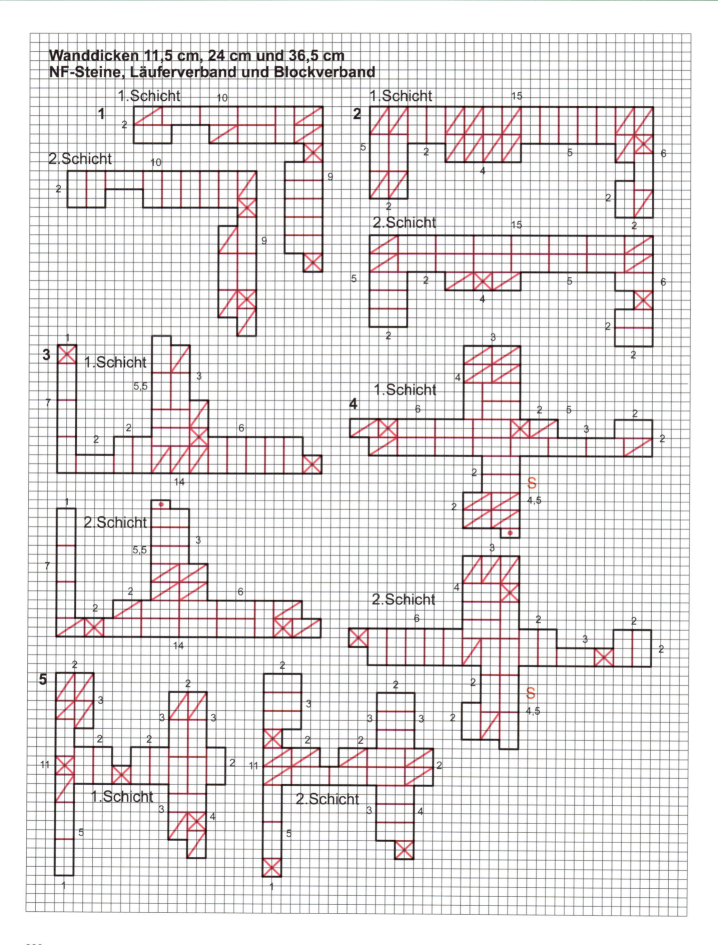

Mauerverbände 14

Gemischte Aufgaben

Tragen Sie die Verbandslösung ein. Alle Steine NF.

Wanddicken 11,5 cm, 24 cm und 36,5 cm
NF Steine - Läufer- und Blockverband

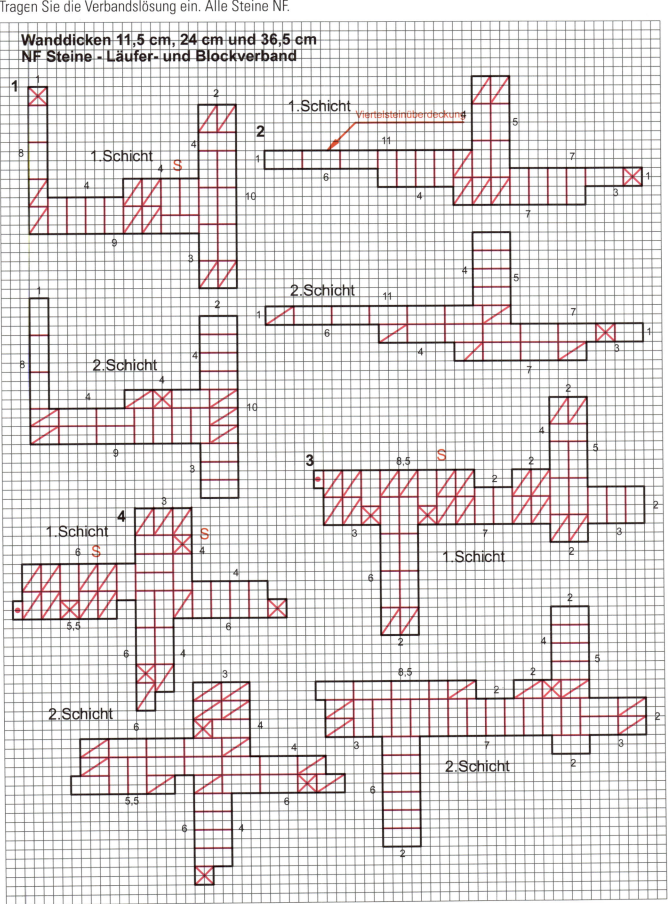

Name:

Klasse:

Datum:

Fach:

Tragen Sie die Verbandslösung ein. Alle Steine NF.

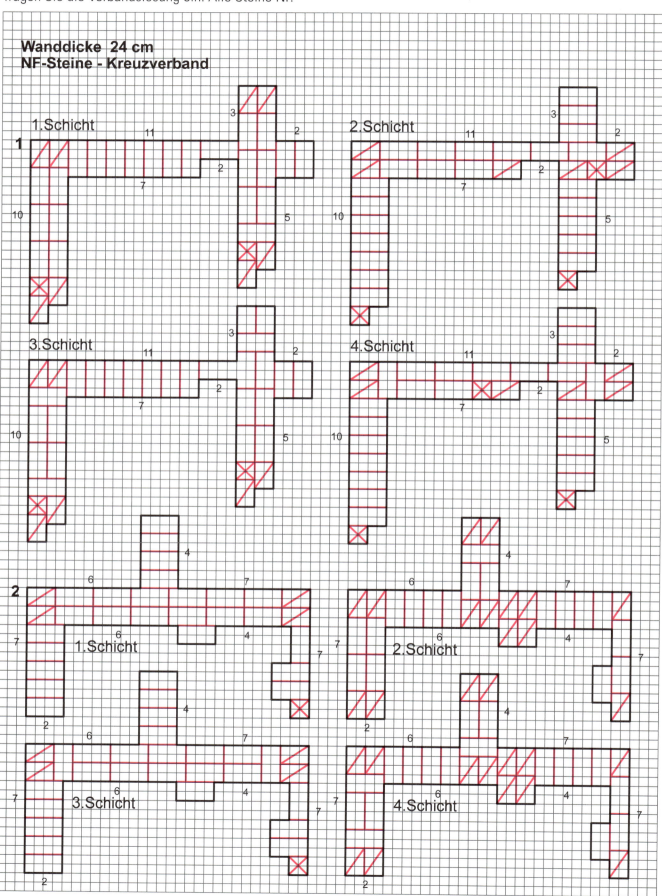

Wanddicke 24 cm
NF-Steine - Kreuzverband

1.Schicht

2.Schicht

3.Schicht

4.Schicht

1.Schicht

2.Schicht

3.Schicht

4.Schicht

Tragen Sie die Verbandslösung ein. Alle Steine NF.

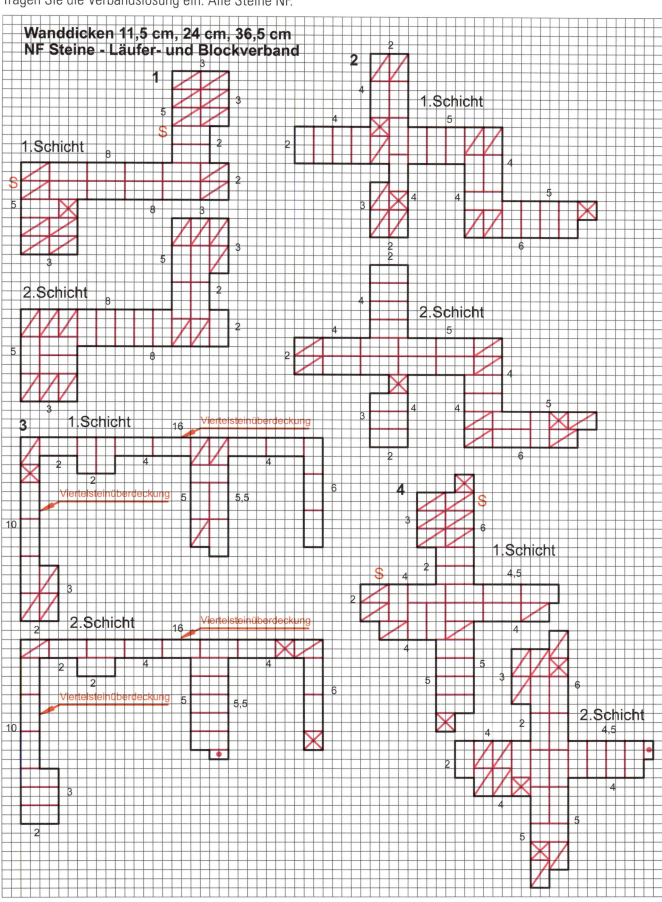

Wanddicken 11,5 cm, 24 cm, 36,5 cm
NF Steine - Läufer- und Blockverband

1.Schicht
2.Schicht
1.Schicht
2.Schicht
Viertelsteinüberdeckung

203

Mauerverbände 15
Gemischte Aufgaben

Name:

Klasse:

Datum:

Fach:

Tragen Sie die Verbandslösung ein. Alle Steine NF.

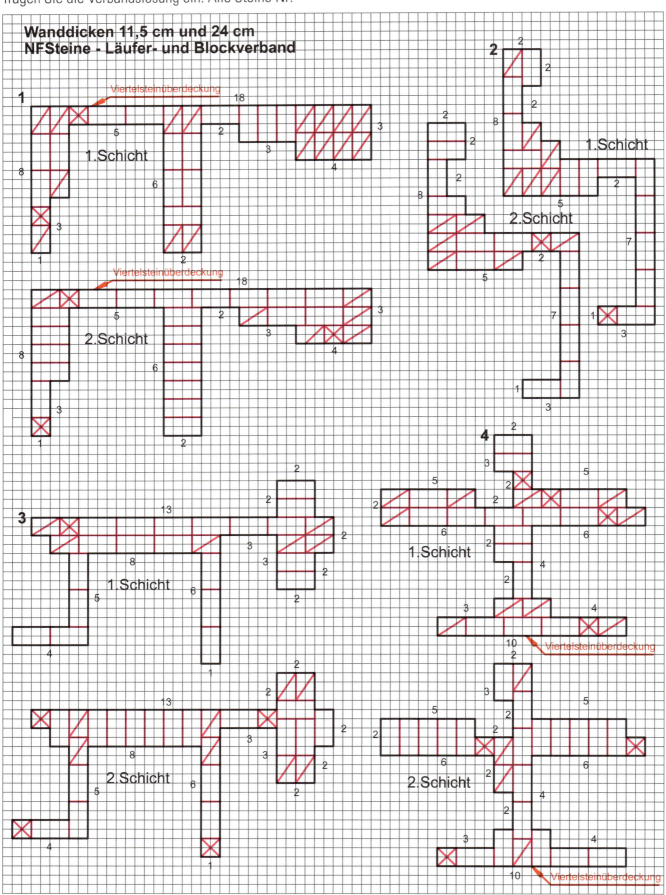

Wanddicken 11,5 cm und 24 cm
NFSteine - Läufer- und Blockverband

Name:

Klasse:

Mauerverbände 16
Mittelformatige Steine

Datum:

Fach:

Mit den mittelformatigen Steinen 2 DF und 3 DF kann man Mauerwerk wirtschaftlich erstellen.

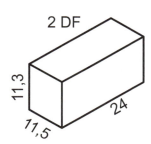
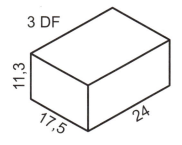

Zeichnerische Darstellung:

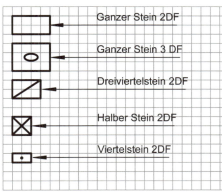

Für die Verbände mit mittelformatigen Steinen wird von der Annahme ausgegangen, dass sie für Sichtmauerwerk verwendet werden.
Wenn Teilsteine erforderlich sind, sollten sie nicht durch Schlagen, sondern durch Schneiden oder Knacken hergestellt werden.

Die Wirtschaftlichkeit ergibt sich aus dem größeren Steinformat und aus dem sehr geringen Anteil von Teilsteinen. Das aufwendige Schlagen von Dreiviertelsteinen wird überflüssig durch das Ersetzen von zwei Dreiviertelsteinen durch einen 3DF Stein. Die Maßabweichung (17,5 cm statt 17,75 cm) kann beim Mauern vernachlässigt werden

Blockverband mit NF Steinen

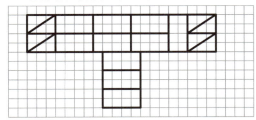

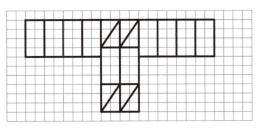

8 Dreiviertelsteine müssen geschlagen werden !

Blockverband mit 2 DF und 3 DF-Steinen

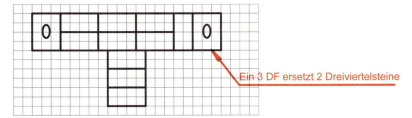

Ein 3 DF ersetzt 2 Dreiviertelsteine

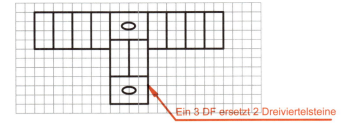

Ein 3 DF ersetzt 2 Dreiviertelsteine

Es werden nur ganze Steine verwendet !

Tragen Sie die Verbandslösungen ein. Vergleichen Sie die Anzahl der benötigten Teilsteine.

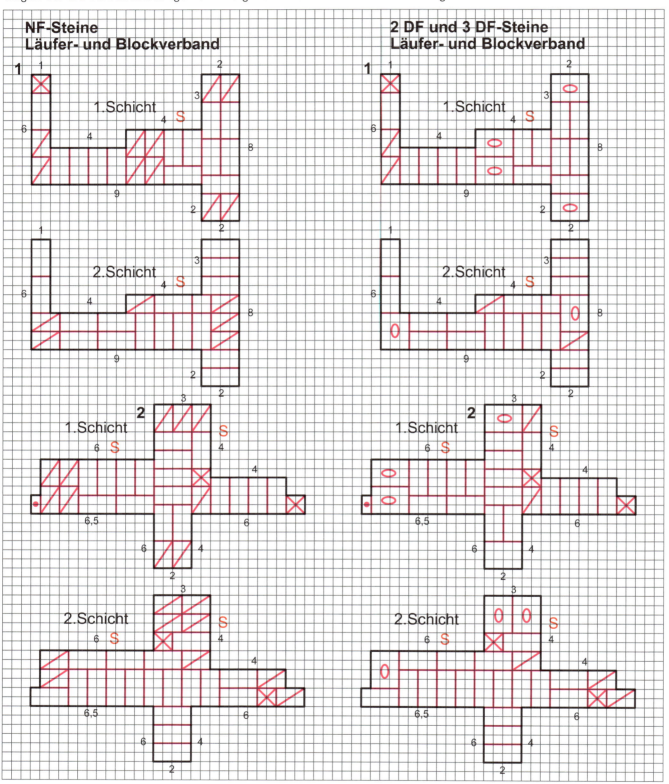

NF-Steine
Läufer- und Blockverband

2 DF und 3 DF-Steine
Läufer- und Blockverband

Für weitere Übungen mit 2 DF und 3 DF-Steinen verwenden Sie die Aufgaben auf den Seiten 179 bis 204 und zeichnen Sie die Umrisse und Lösungen auf kariertem Papier.

Die dargestellte Garage soll gebaut werden. Sie sollen dazu die Planung erstellen.

Maße der Garage:

Wanddicke 24 cm, Garagentor 3,01/2,26 m

Fenster 1,26/1,01 m mittig, Brüstungshöhe 1,00 m

Stahlbetonbalken in Ortbeton über dem Garagentor h = 36,5 cm, Auflager beidseitig 25 cm

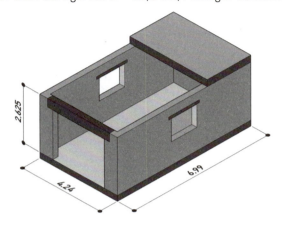

1) Zeichnen Sie den Grundriss im Maßstab 1:50.

2) Zeichnen Sie den Querschnitt im Maßstab 1:50.
   Der Schnitt soll durch die beiden Fenster verlaufen (Blickrichtung zur Rückwand).
   Über den Fenstern sind jeweils zwei Fertigteilstürze 11,5/11,5 cm eingebaut.
   Dicke der Stahlbetonbodenplatte 16 cm, Dicke der Stahlbetondecke 18 cm, Streifenfundamente 40/80 cm mittig unter den Wänden
   Kapillarbrechende Schicht 20 cm

3) Berechnen Sie die Materialmengen.

   a) Beton für die Bodenplatte in m^3
   b) Beton für die Deckenplatte in m^3
   c) Beton für den Stahlbetonbalken über dem Garagentor in m^3
   d) Menge des Mauerwerks in m^2. Verwenden Sie dazu die Tabelle auf der Rückseite.
   e) Wählen Sie eine geeignete Steinart aus (nach Eigenschaften und Format).
   f) Berechnen Sie die Anzahl der benötigten Steine und die Mörtelmenge in Liter.
   g) Berechnen Sie die Anzahl der Säcke Fertigmörtel M5 (Säcke 40 kg) oder Dünnbettmörtel.

Stein- und Mörtelbedarf
Projekt 1 – Einzelgarage

Wand Pos.-Nr.	Wand-dicke cm	Steinart/Format	Abzüge Fenster, Türen, Stahlbetonteile	L	B	H	Menge m^2/m^3	Steine je m^2/m^3 Tabelle	Mörtel je m^2/m^3 Tabelle	Anzahl Steine	Menge Mörtel in Liter

Familie Schmidt möchte eine Doppelgarage bauen. Das Gebäude soll ungefähr der abgebildeten Zeichnung entsprechen. Sie sollen die genaue Planung erstellen.

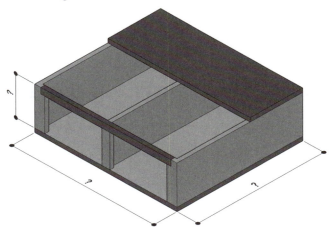

Wünsche der Familie Schmidt:

- Die Garagen sollen unterschiedlich breit sein: die linke Garage innen ca. 3,50 m und die rechte ca. 4,50 m breit.
- Länge der Garagen ca. 7,50 m bis 8,00 m Außenmaß
- Auf der Rückseite erhalten die Garagen jeweils ein Fenster.
- In die Zwischenwand soll eine Tür eingebaut werden.

Reihenfolge der Planung:

1) Festlegen der Innenmaße

2) Festlegen der Wanddicken, daraus ergeben sich die Außenmaße.

3) Festlegen der Öffnungsgrößen und Lage der Öffnungen

4) Zeichnen des Grundrisses als Skizze auf kariertem Papier mit allen Maßen, die der Maßordnung im Mauerwerksbau entsprechen müssen. (M 1:100 ist sinnvoll).

5) Festlegen der Stürze, Dicke der Bodenplatte, Dicke der Deckenplatte, der Streifenfundamente

6) Zeichnen eines Querschnitts als Skizze auf kariertem Papier

7) Erstellen der Zeichnungen: Grundriss und Querschnitt in geeignetem Maßstab je nach Papierformat

8) Auswählen geeigneter Materialien und Mengenberechnung (Beton, Mauerwerk, Mörtel)

9) Anfertigen einer Bestellliste für das Material

Mögliche Erweiterungen:

a) Fundamentplan

b) Planen des Stahlbetonsturzes über den Garagentoren

c) Planen der Deckenschalung

d) Planen der Deckenbewehrung und Bewehrungsplan

Stein- und Mörtelbedarf

Projekt 2 – Doppelgarage

Wand Pos.-Nr.	Wand-dicke cm	Steinart/Format	Abzüge Fenster, Türen, Stahlbetonteile	L	B	H	Menge m²/m³	Steine je m²/m³ Tabelle	Mörtel je m²/m³ Tabelle	Anzahl Steine	Menge Mörtel in Liter

Das im Grundriss (verkleinert) dargestellte Gebäude soll gebaut werden. Sie sollen dazu die Planung erstellen.

1) Zeichnen Sie den Grundriss und den Schnitt AB in einem geeigneten Maßstab je nach Papierformat. Legen Sie alle für den Schnitt wichtigen Maße (Wandhöhe, Bodenplatte, Decke, Fundamente usw.) selbst fest.

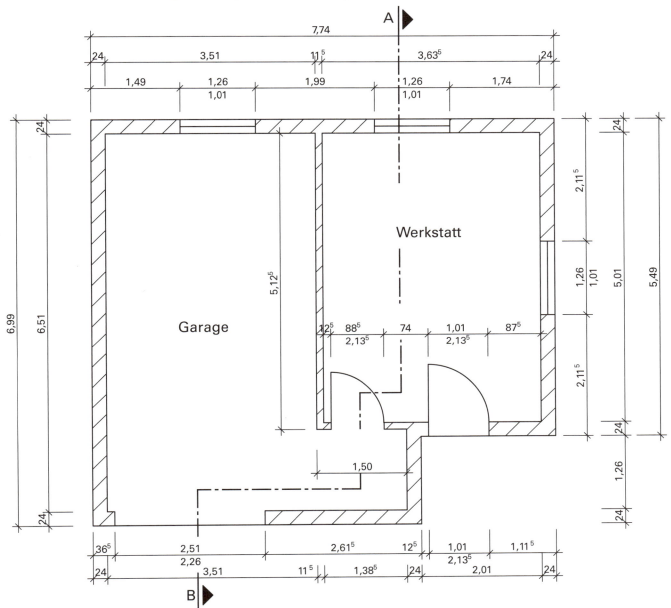

2) Wählen Sie geeignete Steine und Mörtel aus und berechnen Sie den Stein- und Mörtelbedarf (NM oder DBM).

3) Bereiten Sie eine Bestellung von Transportbeton mit allen erforderlichen Angaben vor und berechnen Sie die Betonmengen.

Mögliche Erweiterungen:

a) Fundamentplan
b) Berechnung des Aushubs und des Fundamentbetons
c) Ablaufplanung
d) Bewehrungsplan des Balkens über dem Garagentor

Stein- und Mörtelbedarf
Projekt 3 – Garage mit Werkstatt

Wand Pos.-Nr.	Wand-dicke cm	Steinart/Format	Abzüge Fenster, Türen, Stahlbetonteile	L	B	H	Menge m²/m³	Steine je m²/m³ Tabelle	Mörtel je m²/m³ Tabelle	Anzahl Steine	Menge Mörtel in Liter

Name:

Klasse:

Projektaufgabe 4
Verkaufskiosk

Datum:

Fach:

Der im Grundriss (verkleinert) dargestellte Verkaufskiosk soll gebaut werden. Sie sollen dazu die Planung erstellen.

1) Zeichnen Sie den Grundriss und den Schnitt AB in einem geeigneten Maßstab je nach Papierformat. Legen Sie alle für den Schnitt wichtigen Maße (Wandhöhe, Bodenplatte, Decke, Fundamente usw.) selbst fest. Der Kiosk erhält später eine Außendämmung.

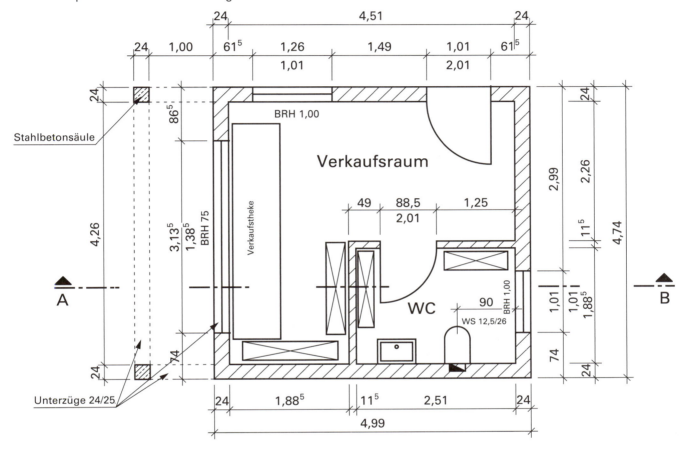

Schnitt durch Deckenplatte

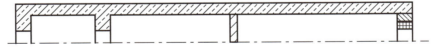

2) Wählen Sie geeignete Steine und Mörtel aus und berechnen Sie den Stein- und Mörtelbedarf (Plansteine mit DBM).

3) Berechnen Sie die Betonmenge für die Decke und die Unterzüge, die in einem Betoniervorgang hergestellt werden.

4) Bereiten Sie die Betonbestellung vor.

Mögliche Erweiterungen:

a) Fundamentplan
b) Fundamentbeton
c) Bewehrung der Unterzüge

Stein- und Mörtelbedarf
Projekt 4 – Verkaufskiosk

Wand Pos.-Nr.	Wand-dicke cm	Steinart/Format	Abzüge Fenster, Türen, Stahlbetonteile	L	B	H	Menge m²/m³	Steine je m²/m³ Tabelle	Mörtel je m²/m³ Tabelle	Anzahl Steine	Menge Mörtel in Liter

Name:

Klasse:

Projektaufgabe 5
Werkstattgebäude

Datum:

Fach:

Für das dargestellte Werkstattgebäude sollen die Pläne erstellt werden.
Gegeben sind die Außenmaße und die Wanddicken. Alle anderen Maße sollen Sie selbst festlegen.
Die gemauerte Wandhöhe ist 2,625 m.

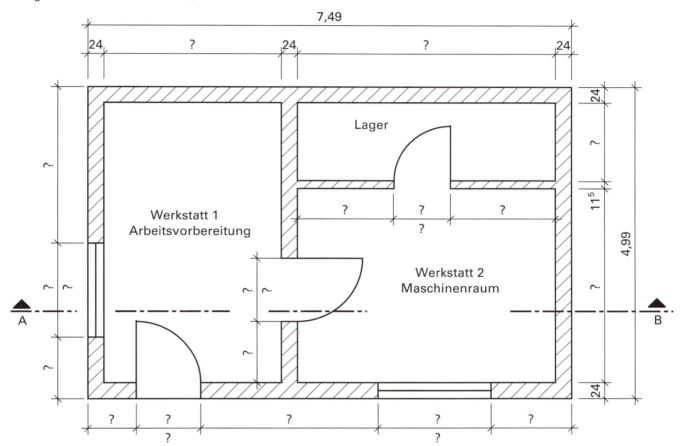

Aufgaben:

1) Legen Sie alle Maße fest und tragen Sie die Maße oben in die Zeichnung ein.

2) Zeichnen Sie den Grundriss (Maßstab nach vorhandener Blattgröße festlegen).

3) Zeichnen Sie den Schnitt A-B (Streifenfundamente unbewehrt 40/80 cm mittig, Bodenplatte Stahlbeton 20 cm, Deckenplatte Stahlbeton 18 cm, Stürze als Fertigstürze 11,5/11,5 cm.

4) Materialberechnung

   a) Betonauswahl treffen und Betonmengen für Bodenplatte und Decke berechnen

   b) 24er-Wände in m². Steine Hochlochziegel als Plansteine in DBM im Format 16 DF. Berechnen Sie die Anzahl der Steine und die Säcke DBM.

   c) 11,5er-Wand in m². Steine Bauplatte als Planstein 8 DF in DBM. Berechnen Sie die Anzahl der Steine und die Säcke DBM.

   d) Berechnen Sie den Innenputz und den Außenputz (h = Wandhöhe) in m² (alle Öffnungen abziehen).

Mögliche Erweiterungen:
a) Fundamentplan
b) Planen der Deckenschalung
c) Planen der Deckenbewehrung und Bewehrungsplan

Stein- und Mörtelbedarf

Projekt 5 Werkstattgebäude

Wand Pos.- Nr.	Wand- dicke cm	Steinart/Format	Abzüge Fenster, Türen, Stahlbetonteile	L	B	H	Menge m²/m³	Steine je m²/m³ Tabelle	Mörtel je m²/m³ Tabelle	Anzahl Steine	Menge Mörtel in Liter

Name:

Klasse:

Datum:

Fach:

Die Firma Jumbo-Metall will am Eingang des Firmengeländes ein Pförtnerhaus bauen.
Dazu ist die Planung zu erstellen.

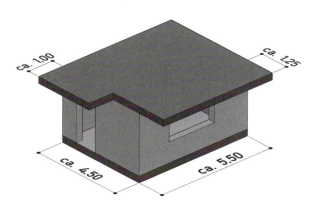

Mögliche Grundrisslösung

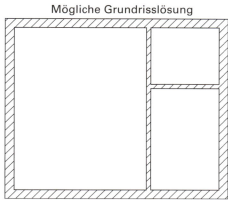

Vorgaben zum Gebäude:

1) Das Pförtnerhaus enthält drei Räume: 1 WC, 1 Küche, 1 Arbeitsraum.

2) Im Arbeitsraum ist zur Sicherstellung eines guten Blickfeldes ein großes Fenster einzuplanen. Die anderen Räume sind durch kleine Fenster zu belichten. Die Eingangstür ist im Arbeitsraum anzuordnen.

3) Das Flachdach ist über dem großen Fenster und dem Eingang vorzuziehen, damit man dort regengeschützt stehen kann.

4) Die Innenwände sind 11,5 cm, die Außenwände 24 cm dick.

5) Alle gewählten Maße müssen der Maßordnung entsprechen.

Vorgaben zu den Baustoffen:

1) Fundamente aus unbewehrtem Beton, b = 45 cm, frostfrei gegründet, mittig unter den Außenwänden

2) Bodenplatte Stahlbeton d = 15 cm

3) Decke Stahlbeton d = 18 cm

4) Außenwände d = 24 cm, 2 DF, Wandhöhe 2,50 m, außen Sichtmauerwerk mit Fugenglattstrich

5) Innenwände d = 11,5 cm, 8 DF Bauplatten NM

6) Mauermörtel NM MG II (M5), Sackware 40 kg

7) Sturz über großer Öffnung Stahlbeton, 25 cm Auflager, h = 25 cm

8) Fenster- und Türstürze als Fertigstürze h = 11,5 cm, d = 11,5 cm, 15 cm Auflager

9) Zur Gewährleistung der Wärmedämmung erhält die Außenwand später eine innenseitige Dämmung.

Aufgaben:

1) **Skizzen** – Grundriss, Schnitt, Fundamentplan – erstellen und alle fehlenden Maße festlegen.

2) Auswählen und Berechnen des Fundamentbetons

3) Beton für Bodenplatte auswählen und berechnen. Transportbeton bestellen

4) Beton für Deckenplatte und großen Sturz auswählen und berechnen. Transportbeton bestellen

5) Berechnen des Stein- und Mörtelbedarfs

6) Mauermörtel: Säcke Fertigmörtel berechnen

7) Bestellliste für Fertigstürze erstellen – Stückzahl, Längen

8) Innendämmung auf den Außenwänden, Gipsputz auf den Innenwänden: Berechnen der Fläche

9) **Zeichnungen** in geeignetem Maßstab je nach Papierformat erstellen:
Grundriss, Schnitt (durch großes Fenster führen), zwei Ansichten, Isometrie

Stein- und Mörtelbedarf
Projekt 6 – Pförtnerhaus

Wand Pos.-Nr.	Wand-dicke cm	Steinart/Format	Abzüge Fenster, Türen, Stahlbetonteile	L	B	H	Menge m^2/m^3	Steine je m^2/m^3 Tabelle	Mörtel je m^2/m^3 Tabelle	Anzahl Steine	Menge Mörtel in Liter

Name:

Klasse:

Projektaufgabe 7
Ferienhaus

Datum:

Fach:

Freie Aufgabenstellung

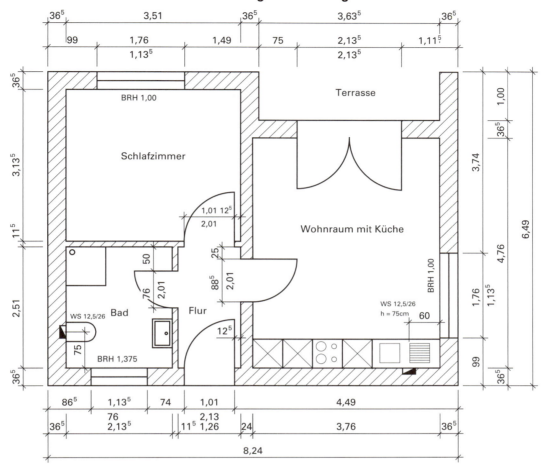

Gründung mit Fundamentplatte

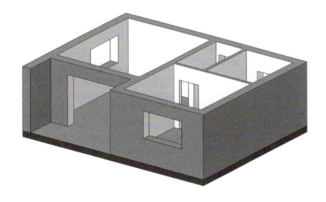

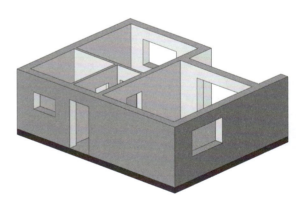

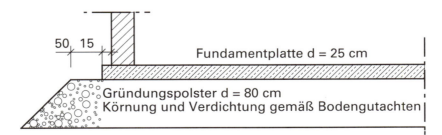

Fundamentplatte d = 25 cm

Gründungspolster d = 80 cm
Körnung und Verdichtung gemäß Bodengutachten

Stein- und Mörtelbedarf
Projekt 7 – Ferienhaus

Wand Pos.-Nr.	Wand-dicke cm	Steinart/Format	Abzüge Fenster, Türen, Stahlbetonteile	L	B	H	Menge m²/m³	Steine je m²/m³ Tabelle	Mörtel je m²/m³ Tabelle	Anzahl Steine	Menge Mörtel in Liter

Projektaufgabe 8

Kleines Wohnhaus

Freie Aufgabenstellung

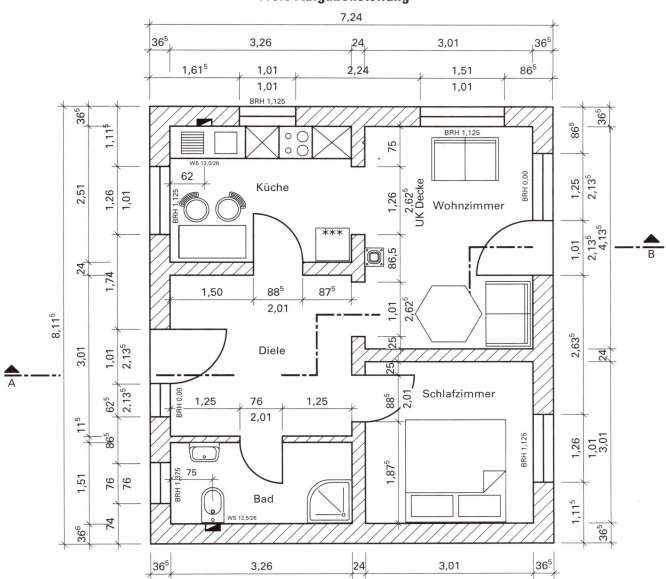

Gründung mit Fundamentplatte

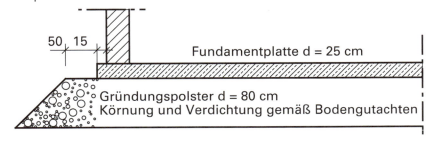

Fundamentplatte d = 25 cm

Gründungspolster d = 80 cm
Körnung und Verdichtung gemäß Bodengutachten

Stein- und Mörtelbedarf

Projekt 8 – Kleines Wohnhaus

Wand Pos.-Nr.	Wand-dicke cm	Steinart/Format	Abzüge Fenster, Türen, Stahlbetonteile	L	B	H	Menge m^2/m^3	Steine je m^2/m^3 Tabelle	Mörtel je m^2/m^3 Tabelle	Anzahl Steine	Menge Mörtel in Liter